アカデミック情報リテラシー
Academic Information Literacy

宇野美由紀　大瀧保広
野口　宏　羽渕裕真
共　著

学術図書出版社

はじめに

　皆さんは「情報リテラシー」という言葉を聞いたことがありますか？

　「情報リテラシー」とは、もともとの「読み書き算盤」に相当する「リテラシー」という言葉をコンピュータやネットワークに拡張したものと考えられており、「情報を活用し、使いこなす」という意味で広く使われるようになってきました。「アカデミック情報リテラシー」は以下の4つの部分からなります。

【リベラルアーツ】　情報倫理を考える力と、コンピュータとネットワークの出現がもたらす新しい概念や社会の問題点を考える力とを養う基本的な素養です。現在の状況を表面的に理解するのではなく、その過去の発展の歴史を理解することが、将来の展望を考える役に立ちます。

【アカデミックリテラシー】　大学で学ぶことの意味を考え、大学生活を謳歌できる力を養うことです。特に情報を整理する力（インプットスキル）と分かりやすい文書にする力（アウトプットスキル）が重要になります。

【メディアリテラシー】　様々なメディアから情報を収集し、その真偽を見抜き、分析し、活用する力のことです。情報源としては、ネットワークだけでなく図書・雑誌・新聞なども重要です。技術の進歩に伴い、自らの考えを自らの言葉で発信することが容易になっているので、情報発信力もここに含まれます。

【コンピュータリテラシー】　文書処理、表計算、プレゼンテーション、プログラミングに代表されるコンピュータ操作力とネットワーク活用能力のことです。いわゆるリテラシー的な色合いが濃い部分です。

　人によって情報処理能力に大きな差が生じている問題を「ディジタルデバイド」と呼びます。この差を生じさせる大きな要因として次の3点が指摘されています。1点目はそもそも情報の存在に気がついていないこと、2点目は機器やツールの使い方が分からないこと、3点目は情報を取得してもその情報がもつ価値や意味を理解できないこと、です。2点目の「機器を操作するスキルの有無」ばかりに目が行きがちですが、1点目と3点目も同じくらい重要です。

　我々の身の周りには、スマートフォン、タブレット、パソコンなど、多くの機器があります。今後、新しい形態の機器が次々に登場してくることでしょう。それらの機器を使って処理される情報もまた変化しています。これまでは、紙で取り扱われていた情報を電子化したものなど、人間が意図的に作り出した情報が主でした。しかし今後は世の中のあらゆる情報がディジタル

化され蓄積されます。例えばセンサや監視カメラが収集した情報、ネットワークやソフトウェアの利用状況に関する記録など、です。人間（個人）の行動パターンなど個人が意識しない個人データもビッグデータとして蓄積されます。このような状況では、いま目の前にある機器やソフトウェアの「使い方」を覚えるのではなく、より本質的な、情報の取り扱い方や深謀遠慮、情報倫理などを身につけることが重要です。

ここで、大学生と関わりの強い情報リテラシーの問題をひとつ考えてみてください。

世界中の多くの大学は「コピペ（コピー&ペースト）問題」に悩まされています。コピペ問題とは、レポート課題が出されたときに、(a) 掲示板などで質問して回答を得て、その回答を自分のレポートにコピペする、(b) Webで検索し、検索結果として表示される他人の文章を自分のレポートにコピペする、(c) 先輩や友達のレポートを電子的にコピーする、といった手法で あたかも自力で解答したかのようにレポートを提出する問題です。このような行為を皆さんはどのように考えますか？「良い」か「悪い」かと問うならば、恐らく「悪い」と答える方が多いのではないでしょうか。「悪い」と思う人が多いのに、実際にこのような行為が跡を絶たないのはなぜなのでしょうか。そもそも、「なぜ」悪いのでしょうか。単に「その授業の内容が身につかないから」「カンニングと同じだから」ということで片付けるのではなく、その背景まで考えを巡らせてみましょう。技術革新があまりにも急激であったために、その利便性だけに目を奪われ、情報の取り扱い方について考える力や分析する力をまったく養ってこなかったために生じた問題とはいえないか。課題について自分で考え悩むよりも、楽に単位を取得することを優先してはいないか。大学に何を学びにきたのか。卒業までに何を身につけておきたいのか。広く長い視点から考えてみて欲しい問題です。

茨城大学では「情報処理概論」が教養科目として開講されています。この科目はアカデミック情報リテラシーを養うための科目のひとつで、入学された皆さんは必ず受講し、単位を取得しなければなりません。操作術であるHow toだけを学ぶのではなく、情報について考える力や分析する力も養うことを目的としています。本書が皆さんの情報リテラシーを少しでも養うためのきっかけとなることを願っています。

著者ら しるす

目　次

はじめに　　　　　　　　　　　　　　　　　　　　　　　　　　　　　　　i

第1章　ユーザ認証とパスワード　　　　　　　　　　　　　　　　　　　1
1.1　ユーザ認証とは 1
1.2　ユーザ認証の重要性 1
1.3　パスワードに関する留意事項 2
1.4　演習問題 4

第2章　パソコンの基本操作　　　　　　　　　　　　　　　　　　　　　5
2.1　電源の入れ方と切り方 5
2.2　ファイルの形式とファイル名 5
2.3　フォルダを使ってデータを整理 6
2.4　大事なデータは自分で保管する 7
2.5　USB メモリ使用上の注意 7

第3章　電子メール　　　　　　　　　　　　　　　　　　　　　　　　　8
3.1　電子メールの特徴 8
3.2　電子メールの書き方 8
3.3　エラーメールが届いたら 12
3.4　演習問題 14

第4章　インターネット上のサービス　　　　　　　　　　　　　　　　　15
4.1　インターネット社会 15
4.2　コミュニケーションツール 16
4.3　クラウドサービス 20
4.4　P2P ファイル共有システム 22
4.5　電子商取引 23
4.6　演習問題 24

第 5 章　情報倫理と情報関連の法律　　26

- 5.1　情報倫理とは　　26
- 5.2　情報関連の法律　　27
- 5.3　携帯電話やスマートフォンに関する法律　　36
- 5.4　情報セキュリティポリシー　　38
- 5.5　演習問題　　39

第 6 章　インターネットにおける脅威　　41

- 6.1　脅威が生み出される背景　　41
- 6.2　コンピュータ犯罪（ハイテク犯罪）　　42
- 6.3　マルウェア　　43
- 6.4　フィッシング詐欺　　45
- 6.5　オークション詐欺　　45
- 6.6　アカウント乗っ取り詐欺　　46
- 6.7　ネズミ講　　46

第 7 章　被害者／加害者にならないために　　47

- 7.1　4 種類の対策　　47
- 7.2　マルウェア対策　　48
- 7.3　情報発信をするときの注意事項　　50
- 7.4　犯罪の入り口となる電子メールに気をつけよう　　51
- 7.5　ネットショッピングとネットオークション　　52
- 7.6　クラウドサービス　　53
- 7.7　P2P ファイル共有システム　　54
- 7.8　インターネットカフェ　　55
- 7.9　公衆無線 LAN サービス　　56
- 7.10　携帯電話とスマートフォン　　56
- 7.11　考えてみよう　　58
- 7.12　演習問題　　63

第 8 章　情報受信と情報発信　　65

- 8.1　情報の信憑性　　65
- 8.2　情報収集・情報検索　　69
- 8.3　情報の整理　　74
- 8.4　他人に読んでもらう文書を書く　　76
- 8.5　適切なツールを選ぶ　　83
- 8.6　演習問題　　89

第9章 コンピュータの基本　　90

- 9.1 コンピュータの歴史　　90
- 9.2 様々な形のコンピュータ　　90
- 9.3 ハードウェアとソフトウェア　　90
- 9.4 ハードウェアの構成　　93
- 9.5 ソフトウェアの構成　　97
- 9.6 情報の表現　　99
- 9.7 計算の原理　　112
- 9.8 演習問題　　115

第10章 ネットワークの基本　　118

- 10.1 ネットワークの歴史　　118
- 10.2 インターネットの正体　　118
- 10.3 インターネットプロトコルとIPアドレス　　121
- 10.4 ホスト名とドメイン名　　122
- 10.5 「インターネットに接続する」とは　　122
- 10.6 メールヘッダを見てみよう　　123
- 10.7 安全な通信をするために　　124
- 10.8 演習問題　　129

第11章 ネットワークの舞台裏　　130

- 11.1 プロトコルの階層　　130
- 11.2 インターネット層　　131
- 11.3 トランスポート層　　137
- 11.4 DNSの仕組み　　138
- 11.5 電子メールの舞台裏　　140
- 11.6 WWWの舞台裏　　143
- 11.7 無線LANの干渉　　146
- 11.8 RFCを読んでみよう　　148
- 11.9 演習問題　　150

関連図書　　151

索引　　154

あとがき　　156

第1章

ユーザ認証とパスワード

1.1 ユーザ認証とは

　ユーザ認証とは、これからそのシステムやサービスを利用しようとしている者が誰であるかを確認することです。一般社会では、学生証や運転免許証やパスポートなどの提示によって行なわれています。複数のユーザが使用する情報システムやサービスでは「ユーザID」で判断しています。あるシステムにユーザIDが登録されているとき、「そのシステムにアカウントがある」などと表現します[1]。「確かに本人である」ことを確認するには様々な手法がありますが、最も広く普及しているのは「本人しか知らないパスワードを知っているかどうかを確認する」という方法です。

　認証を行った結果、サービスの利用の可否や利用可能な範囲（例えばファイルの書き換えを許すかどうか）についての判断（アクセス制御）が行われることになります。

1.2 ユーザ認証の重要性

　情報システム[2]の場合、パスワードが他人に漏洩すると次のようなことが起きます。例えば、情報システムにX君がO君のユーザIDとパスワードでアクセスしたとします。（X君はO君がまったく知らない人かもしれません。）

(a) 情報システムでは当然O君がアクセスしたものと判断し、O君のデータの利用をX君に許可してしまいます。例えばアドレス帳の中味を覗き見られたり、あるいは、徹夜で完成させたレポートを消去されたりするかもしれません。

(b) 情報システムが通信機能を持っている場合には、X君はO君になりすまして、悪意のあるメッセージを送ることができます。メッセージを受け取ったのがO君の友人だった場合、その人はO君からのメッセージだと信じてしまうので、被害がいっそう深刻化する恐れがあります。

(c) X君が行ったことによって、O君の人間関係が破壊される恐れがあります。最悪の場合、社会的信用を失い、将来の人生に壊滅的な打撃を受けるかもしれません。

---

[1] そのためユーザIDのことをアカウント名などと呼ぶこともあります。
[2] 身近な例としてはスマートフォンやその中のアプリを思い浮かべるとよいでしょう。

自分しか使わないパソコンやスマートフォンであっても、パスワードをかけておくことは大事です。特にスマートフォンにはアドレス帳等、自分以外の人の個人情報が多く入っています。パスワードロックされていないと、万一スマートフォンを紛失した場合に個人情報が漏洩し、友人に大きな迷惑をかけることになるかもしれません。

ユーザ ID とパスワードの組は、いわば正面玄関の鍵のようなものです。塀を高くしたり窓に防犯センサーを付けたりしても、玄関の鍵の管理がいい加減だと簡単に侵入されてしまいます。情報システムでも様々なセキュリティ対策が行われていますが、みなさんが「他人に推測されにくい強いパスワードを付け、適切に管理すること」は大前提なのです。

1.3 パスワードに関する留意事項

(a) 初期パスワードは必ず変更する

新しくアカウントを作成する際に、自分で決めたパスワードをシステム管理者に設定してもらう場合と、システム管理者から初期パスワードが発行される場合とがあります。いずれの場合でも、そのパスワードは管理者が知っているので、速やかに自分だけしか知らない新しいものに変更する必要があります。

(b) 強いパスワードを選ぶ

強いパスワードとは、あなたのことをよく知る人にも推測されにくいパスワードです。次ページのコラムも見てください。以下のようなものは付けてはいけません。

- 英単語ひとつ
- ユーザ ID と同じ、あるいは自分の名前と同じ
- zxcvbn など入力しやすいもの

(c) 同じパスワードを使い回さない

最近は、インターネット上のサービスでもユーザ登録が必要なものが増えています。人はいくつものパスワードを記憶しておくことができないので、ついつい同じパスワードを付けてしまいがちです。しかし同じパスワードを使い回してしまうと、ある一つの情報システムからパスワード情報が漏洩すると、芋づる式に他のすべての情報システムへの侵入を許してしまいます。

パスワードを選ぶときに、「情報システムを表す一文字を先頭に付ける」などの簡単なルールを加えることで、それぞれ異なるパスワードにすることができます。

(d) パスワードが漏洩しないよう細心の注意を払う

パスワードを他人に教えてはいけません。たとえ相手が情報システムの管理者であっても、です。

パスワードを入力するときにも、入力するところを後ろから覗かれていないか、周囲の様子に気を配りましょう。逆に、目の前で他人がパスワードを入力する場合には、視線を外す気遣いをしてあげましょう。

(e) パスワードはそのままメモしない

パスワードをメモするときには、そのメモ自体の管理を適切に行わなければなりません。万一メモを他人に見られたときの防御のためには、パスワードをそのままメモするのではなく、思い出すためのヒントだけを書くようにするとよいでしょう。パソコンでパスワードを管理する場合には、暗号化機能を持ったパスワード管理ツールもあります。

(f) パソコンにパスワードを「記憶」させるなら自動ログインは OFF

ユーザ認証が必要な Web サイトにアクセスするときに、Web ブラウザがユーザ ID とパスワード情報を覚えてくれる機能があります。この機能は非常に便利なのですが、他人にパソコンを使われてしまうと、簡単に Web サイトのユーザ認証もパスされてしまいます。パソコンが勝手に使われないように自動ログイン機能を OFF にし、必ずログインパスワードをつけておきましょう。

(g) ユーザ認証後の状態で放置しない

ユーザ認証後の状態は、情報システムが「あなたが利用中」だと思っている状態です。一時退席中に他人に勝手に使われないよう、画面をロックしたりログアウトしたりするようにしましょう。

「強い」パスワードってどういうこと？

パスワードは、他人に秘密にしてさえいれば安全なのではないのでしょうか？

銀行の暗証番号で考えてみましょう。暗証番号は普通 4 桁の数字ですから、10000 通り試せば必ずいつかは正しい暗証番号が見つかります。このような攻撃を「総当たり攻撃 (Brute Force Attack)」といいます。パスワードの長さが長ければ長いほど、また使用できる文字の種類が多いほど、総当たりに必要な組み合わせが多くなり、総当たり攻撃が大変になります。

では長さが同じならば破られにくさは同じでしょうか。総当たり攻撃で「0000」から順番に試すなら「9999」が一番最後になりますが、「0000 が最弱で、9999 が最も破られにくい番号だ」と思う人はいないでしょう。

実は人は覚えやすい番号を付けてしまう傾向があります。4 桁の数字なら「0000」「1111」などのゾロ目や何かの記念日、自分の車のナンバープレートの番号などです。仮に全体の 50％の人が日付型の暗証番号をつけていることが判っていたとします。そうすると攻撃者はたった 365 通り（10000 通りの 4％にも満たない）を試すだけで、50％の確率で正しい暗証番号を「当てる」ことができます。特に誕生日の情報は身分証明書などにも記載されているので、もしそういう情報も得られるなら真っ先に試されます。

つまり多くの人が付ける傾向が高いパスワードほど、攻撃者が優先的に試すことになり、結果として「破られやすい弱いパスワード」となります。パスワードを付けるときに様々な条件がついているのは、こういった「弱い」パスワードを排除するためなのです。

1.4 演習問題

練習 1. 盗まれて困るような重要データはないから大丈夫！といってパスワードを気軽に他人に教えてしまう人がいます。どういう危険性があるでしょうか。

練習 2. スマートフォンの設定の仕方がよくわからないので、詳しい友人に教えてもらうことにしました。次の方法には、それぞれどのような危険性があるでしょうか。

1. ロック解除のコードを友人に教えて、友人に設定をしてもらう。
2. 自分でロック解除を行ない、ロック解除された状態のスマートフォンを友人に渡して設定をしてもらう。
3. 友達の説明を聞きながら、自分で設定を行う。

練習 3. 以下の行為には、どのような問題があるでしょうか。

1. 大学から初期パスワードが付与された。十分複雑なように思えたので、そのまま使うことにした。
2. 付けたパスワードを忘れないように、携帯電話のメモ帳にユーザ ID とパスワードを記録した。
3. コンピュータ演習室の席を一時的に離れる際、短時間なのでログオフしなかった。

練習 4. 銀行の暗証番号は数字 4 桁だけです。この桁数でもそれなりの安全性を確保するために、どのような工夫が行われているか考えてみましょう。

練習 5. パスワードによるユーザ認証は、「本人だけが持っている知識」を確認する方式です。他にどのようなユーザ認証方式があるか調べてみましょう。

練習 6. パスワードの漏洩事件などをきっかけに、「弱い（悪い）パスワード」のランキングが発表されることがあります。どのようなパスワードがランキングの上位にきているか、調べてみましょう。

練習 7. 「パスワードが破られないように、パスワードは定期的に変更しましょう」と長らく言われてきました。しかし最近、実はこれには根拠がないのではないか、という主張も登場しています。あなたはどのように考えますか？

第 2 章

パソコンの基本操作

　友人と短いメッセージをやり取りしたり、ちょっと情報検索をするくらいならば、スマートフォンやタブレット端末でも困ることはほとんどなくなってきました。しかし、少し大きめの文書を作成する、凝ったプレゼンテーションを作成するなど、新しい情報を創り出すような作業となると、まだまだパソコンのほうに分があります。ここでは、パソコンを使うときの基本的な操作方法について説明します。

2.1　電源の入れ方と切り方

　どのような情報機器も、主電源の入れ方と切り方が決まっています。特に電源を切るときには、ある決まった手順を踏むように指定されています。これは情報機器内のデータの整合性を保つためです。面倒に思えてもなるべく守りましょう。

　最近の情報機器では、普段は電源を切る必要がないものも増えていますが、トラブルが起きたときなどには強制的にリセットしたり電源を切ったりする必要があるかもしれません。手順を必ず確認しておきましょう。

2.2　ファイルの形式とファイル名

　情報機器（特にパソコン）で取り扱われるデータには、文書、画像、音楽、動画、プログラムなど様々なものがあります。これらのデータは「一つの文書」「一つの画像」といった単位で操作できると便利ですよね。コンピュータではこれを「ファイル」と呼んでいます。

　ファイルは、その中味の形式によって「テキストファイル」「バイナリファイル[1]」「実行ファイル」などと呼ぶこともあります。パソコンでファイルを扱うときには、そのファイルの中身を正しく解釈できるアプリケーションソフトウェアが必要です。例えば画像ファイルならば、画像を表示するソフトウェアや編集するソフトウェア、音楽ならば音を再生するソフトウェアが必要です。

　各ファイルは通常、ファイル名、作成／修正／最終アクセス日時、サイズ、所有者、利用許可権などの付加情報と共に管理されています。ファイル名の最後の部分には、ファイルの中味

---

[1] ファイルの中身が文字データではないものはすべてバイナリファイルです。

表2.1 ファイルとアプリケーションソフトウェア

データの種類	ファイル名の拡張子部分	アプリケーションソフトウェア
画像	bmp, jpg, jpeg, gif, png など	画像ビューアや画像編集ソフト
Webのデータ	html, htm, shtml など	Webブラウザ
ビジネス文書	doc, docx, xls, xlsx など	Office系のソフトウェア

の形式が判別できるように「.txt」「.docx」「.xlsx」「.jpg」などの文字列をつけることが多く行われています。[2] この「.」より後の部分を**拡張子**と呼びます。ファイルのアイコンをダブルクリックすると自動的にアプリケーションソフトウェアが動き出すのは、あらかじめ、拡張子に応じてその形式のファイルを開くアプリケーションソフトウェアが登録されているからなのです。ファイル名の拡張子の部分を変更してしまうと、実際のファイルの中身と合わなくなるため、ファイルが開けなくなることがあります。

2.3 フォルダを使ってデータを整理

ファイルの数が増えてくると、種類や目的の異なるファイルが混在してしまい、目的のファイルを見つけるのが大変になってきます。

「**フォルダ**[3]」を使うと、たくさんのファイルを目的毎に区分けして整理することができます。フォルダとは、ファイルを入れておくことができる箱のようなものです。例えば大学の授業用とプライベート用とでフォルダを分けたり、また授業毎にフォルダを分けたりするとぐっと使い易くなります。フォルダの中にさらにフォルダを作成することができるので、例えば「プログラミング演習のフォルダ」の中にさらに「課題毎のフォルダ」を作る、といったことができます。

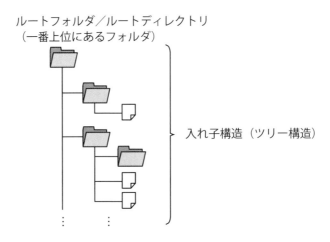

---

[2] WindowsやMacOSなどでは拡張子を表示しない設定になっています。これは利用者が誤って変更してしまうのを防止するためと考えられます。
[3] Unix系のOSではフォルダを「ディレクトリ」と呼ぶことがあります。

2.4 大事なデータは自分で保管する

授業等で使用するファイルは、大学のコンピュータ上に保存できるようになっています。しかし一人一人が使用できるファイルの総量には上限があるので、それを超えないように、不要なファイルを削除するなど、やりくりをする必要があります。上限まで使い切ってしまうと、新しいファイルが保存できないだけでなく、ログインができない[4]などパソコンの動作に支障を来すことがあります。自分が今どのくらいの量のファイルを使用しているのか、確認する方法を押さえておきましょう。

もしどうしても不要なファイルがない場合には、USB メモリなどの外部記憶媒体を利用して、大事なファイルを外部に保存しましょう。USB メモリは、大学で使用するファイルを自宅に持って帰るときにも利用できます。

2.5 USB メモリ使用上の注意

USB メモリを使うときには、いくつか注意すべきことがあります。

(a) USB メモリを取り外すときに正しい手順を踏む。

正しい手順を踏まずにいきなり抜くと、USB メモリに書き込むデータが中途半端な状態になってしまい、最悪の場合にはデータが壊れることもあります。正しい手順を踏むことで、書き込み処理が完了していることが保証されます。

多くの USB メモリには小さな LED がついており、パソコンが内部のデータにアクセスしているときには光が点滅するようになっています。USB メモリをパソコンから取り外すときには、点滅していないこと(ずっと点きっぱなし または 消えた状態)であることを確認してからにしましょう。

(b) 万一の USB メモリ紛失に備える。

USB メモリは落とし物としてよく届けられます。しかし、窓口に受け取りに来ても、皆が似たようなものを使っているので、落とし物として届けられたものが自分のものであるかどうか、判断できないことがあります。USB メモリの外側に何か目印をつけておく、中に所有者の情報を書いたファイルを入れておく、などの工夫をしておきましょう。また紛失した場合には情報漏洩に直結するので、暗号化機能がある USB メモリを使う、ファイル単位で暗号化する等の防衛措置も検討しましょう。いうまでもなく、暗号化USB メモリの場合には、所有者情報を書いたファイルを置いても無駄です。

---

[4] ログイン処理の途中で作成する一時ファイルが保存できないためです。

第3章

電子メール

3.1 電子メールの特徴

電子メールは、インターネットのサービスの中でも特に長い歴史を有するサービスで、電話のようにすぐ相手に届き（即時性）、かつ、郵便と同じように受け取った相手が都合の良い時間に読むことができる（非拘束性）、という利点を兼ね備えています。基本的にはテキストデータをやり取りするためのシステムですが、添付ファイルという形で、文書ファイル、画像や音声のデータなども送信できるように進化してきました。

電子メールを送るには、郵便の宛先と同じように、自分や相手を指定するための情報が必要です。これを「（電子）メールアドレス」といいます。メールアドレスさえ知っていれば、まったく見ず知らずの人に電子メールを送ることができます。ここが通信する相手（家族や親しい友人）を事前にアドレス帳に登録するタイプのメッセージングサービスと異なる点です。つまり、電子メールは、それほど親しくない、あるいは、まったく知らない人にも連絡をとることができるツールといえます。このことが迷惑メールをはじめ、様々なサイバー犯罪の導入口として使われる問題につながっています。

3.2 電子メールの書き方

今まで一度も電子メールを使ったことがない人はおそらくいないでしょう。メールを送信するための操作自体はそれほど難しいものではありません。しかし、あまり親しくない人にメールを送るときには、いくつか注意すべきポイントがあります。

3.2.1 基本形

電子メールを送るときに最低限指定すべき情報は、「相手のメールアドレス（To:)」と「件名（Subject:)」と「本文」です。

(a) **相手のメールアドレスを間違えていないか よく確認する。**

　　メールアドレスを間違えると送りたい相手にはもちろん届きませんが、間違えたメールアドレスがたまたま他人のメールアドレスとなっていた場合には、その人にメールが届いてしまうので、意図しない情報漏洩に繋がります。

(b) 適切な件名をつける。

仕事でメールを利用する人は、一日に数十件以上のメールを処理しています。そういう人は、件名を見てメールを処理する優先順位を判断します。用件を適切に表す簡潔な件名をつけるようにしましょう。

(c) メール本文にも自分の名前を書く。

仕事でメールを使うようになると、アドレス帳に登録されていない（それほど親しくもない？）人からメールを受け取ることも多くなります。受け取ったメールには差出人のメールアドレスが含まれていますが、メールアドレスだけでは差出人が誰なのかすぐにはわからないのです。「自分が誰なのか」を本文中で名乗ると親切です。

3.2.2 悪い例／良い例

牛若丸権米兵衛さんが授業欠席の連絡を◯◯△□先生宛てにメールすることを考えましょう。

例1:授業欠席のメール

```
From: guess-who@dokoka.ne.jp
To: maru-sankaku@vc.ibaraki.ac.jp
Subject: 23c5678q です


明日欠席しますのでよろしくお願い胃tしいます。(^.^;)/
```

このメールは以下の点が問題です。

(a) Subject からは自己紹介のメールかと思われます。これでは用件が分かりません。

(b) 学外のメールアドレスから送信しており、誰が送ったのかわかりません。Subject に発信者らしき情報がありますが、他人がなりすました可能性も考えられます。

(c) ◯◯△□先生は本当に自分宛のメールなのか確証が持てません。名前が似ている◯△先生宛のメールが、宛先アドレスを間違えて届いたのかも?という疑いが残ります。

(d) どの科目を欠席するのか、◯◯△□先生はすぐに判断できません。「明日」がいつを指すのか不明なこともあってなおさらです。（この例では発信時刻が示されていませんが、発信時刻を見ても自明ではないことがあります。例えば深夜1時頃に発信されていたらどうでしょう？）

(e) なぜ欠席するのか理由が不明です。相手がメールを読んだ時、知る必要がでてくると思われる情報は先んじて提供しておくと読み手に親切です。

(f) タイプミスが残っています。完全になくすのは難しいかもしれませんが、誤字脱字がないか送る前に一度はチェックしましょう。

(g) 「(^.^;)/」は、教員への事務連絡メールとしてはくだけ過ぎです。「距離感」に文体を合わせましょう。

改善した例を次に示します。本文の最後の 2 行は「署名」と呼ばれています。これは欧米での手紙の文化が持ち込まれたものです。必ずしも必要ではありませんが、ここが本文の終わりであること、(何度かメールのやり取りをしていれば) 同じ人だな、という安心感を与えることができます。

例 2:授業欠席のメール

```
From: 23c5678q@vc.ibaraki.ac.jp
To: maru-sankaku@vc.ibaraki.ac.jp
Subject: 情報処理概論の授業を欠席します


○○△□先生


○○学部○○学科の 23c5678q の牛若丸権兵衛です。
申し訳ありませんが、明日 X 月 Y 日の情報処理概論の
授業を欠席させていただきます。


今日の夕方頃から腹痛と頭痛がしており、XYZ 病院に行くことにしました。
病院まではサークルの友達に送ってもらいます。
明日もし配布されるプリント等がありましたら、回復し次第受け取りに伺います。


よろしくお願い致します。
--
○○学部○○学科　牛若丸権兵衛
```

3.2.3　CC:や Bcc:の活用

　メールを送るプログラムでは、宛先である To:の他に CC: や Bcc: を指定することができるものがあります。

　CC: は Carbon Copy の略で、To: に送ったメールと同じ文面のメールが CC: で指定した人にも送られます。同じメールを複数の人に送るだけならば、To: にメールアドレスをカンマ区切りで並べる方法もありますが、CC: を使うことで「同じ文面をお見せしますが、あなたはメールの本来の宛先ではありません」という意味を含めることができます。

　例えば「ゼミ欠席の連絡を担当教員に送る際に、同じメールを使ってゼミの他のメンバーにも欠席することを伝える」ことができます。このとき、To:に教員のメールアドレス、CC:にゼミの他のメンバーを書きます。To:や CC:に書かれたメールアドレスは、メールを受け取った全員に見えます。

Bcc: は「Blind Carbon Copy」の略です。CC:と同じく、To: に送ったメールと同じ文面のメールが Bcc: で指定した人にも送られます。Bcc: が CC: と違う点は、Bcc: の情報は届いたメールには現れない、ということです。つまり To:や CC:に指定されてメールを受け取った人には、Bcc:で受け取った人が居ることがわかりません。Bcc:で指定されてメールを受け取った人も、宛先の中に自分のメールアドレスがないので、「自分宛ではないメールが届いた」ように見えます。

Bcc: は例えば、会社等で「社員が取引先へメールを送信するときに、上司にも送信内容を報告しておきたい」といったときに使います。To:に取引先のメールアドレス、Bcc:に上司のメールアドレスを書くことで、上司のメールアドレスを取引先に漏洩することなく、自分が行ったことを上司にもみせることができます。なお、あらかじめ「Bcc:を使って上司に報告する」ということについて、社員と上司との間で了解しておかないと上司がびっくりします。

Bcc: のもう一つの使い道は、互いに面識のない複数の人宛に同じ文面のメールを送るときです。緊急時の一斉連絡用にメールアドレスを登録させることが増えていますが、その連絡時に To: や CC: にメールアドレスを列挙すると、受信者全員のメールアドレスがお互いに知られてしまうことになります。Bcc: に列挙して送信すれば、お互いのメールアドレスを暴露することを防ぐことができます。この使い方のときには To:と CC:には何も書かないことが多いため、受け取った人は「なんで届いたんだろう？」と不安に思うことがあります。メールの本文中に「Bcc: を利用して こういう人に送っている。」といった情報を明記した方がよいでしょう。

3.2.4　返信するときの注意

1対1でメールのやり取りをしているときには、届いたメールに返信すれば、元のメールの送信者のメールアドレスが返信メールの宛先になります。しかし受信メールの To: に複数のメールアドレスが列挙されていたり、CC:が指定されていたりする場合には、返信には注意が必要です。

多くのメールソフトでは、返信方法として「送信者に返信」と「全員に返信」の2つが選択できます。「送信者に返信」するとメールの差出人だけに返信メールが送られますが、「全員に返信」すると、元のメールの To:や CC:に書かれているすべての人に返信メールが送られます。うっかり「全員に返信」してしまったことで、差出人以外には知らせたくない情報をバラまいてしまうという事故はよく発生しています。特に、メーリングリストを使って送られたメールの送信者に返信したいときに、間違ってメーリングリストのアドレスに返信してしまうと被害甚大です。一度バラまいてしまった情報はキャンセルできないので、十分に注意しましょう。

3.3 エラーメールが届いたら

メールを送信したときに、MAILER-DAEMON や Mail Delivery Subsystem という見慣れない差出人から英文[1]のメールが届くことがあります。これはエラーメールなどと呼ばれるもので、「何らかの理由で、あなたが送ったメールを相手に配送することができなかった」ことを通知するために、エラーを検出したメール配送システムから自動的に送信されるメッセージです。

エラーメールの例

```
This is the mail system at host xcs.ibaraki.ac.jp.

I'm sorry to have to inform you that your message could not
be delivered to one or more recipients. It's attached below.

For further assistance, please send mail to postmaster.

If you do so, please include this problem report. You can
delete your own text from the attached returned message.

                The mail system

<xxxxx-zzzzz@docoka.ne.jp>: host mfsmax.docoka.ne.jp[123.456.78.90] said:
    550 Unknown user xxxxx-zzzzz@docoka.ne.jp (in reply to RCPT TO command)
Reporting-MTA: dns; xcs.ibaraki.ac.jp
X-Postfix-Queue-ID: E6BAC9FB69
X-Postfix-Sender: rfc822; 23c5678q@xcs.ibaraki.ac.jp
Arrival-Date: Sat,  2 Aug 2014 10:52:26 +0900 (JST)

......
<以下 メッセージが続く>
```

エラーメールの本文中には、なぜ相手に配送できなかったのか、その理由（何が起きたのか）が書いてあります。「英語だからわかんないや」といって読まずに捨てるのではなく、きちんと目を通し、必要に応じて適切に対処するようにしましょう。

以下に、エラーメールに含まれる典型的なキーワードとその意味を示します。

(a) Unknown user

意味： 宛先のメールアドレスのユーザ名（@より前の部分）が存在しなかった。

対処： 宛先のメールアドレスを間違えていないか確認し、再送する。

(b) Host unknown

意味： 宛先のメールアドレスのユーザ名（@より後ろの部分）が存在しなかった。

対処： 宛先のメールアドレスを間違えていないか確認し、再送する。

---

[1] メールの配送は全世界規模なものなので、日本国内同士のメール送信に関するエラー通知であっても、エラーメールは英文になります。

(c) **Message size exceeds ...**
   意味： メール（たいていは添付ファイル）のサイズが大きすぎる。
   対処： 添付ファイルが複数あるなら数回に分けて送る。ひとつが大きい場合にはメール以外の方法で送ることを検討する。
(d) **Disk quota exceeded.**
   意味： 受信者の郵便箱にメールを保存しようとしたらディスクが溢れた。
   対処： 受信者にディスクの空きスペースを確保してもらう。

3.3.1 その他、一般的な注意事項

電子メールを使うときには、以下のようなことにも気を配りましょう。

(a) くれぐれも宛先のメールアドレスを間違えないようにしましょう。メールソフトのアドレス自動補完機能のせいで、全然別の人に送ってしまう事故も起きています。

(b) メッセージに機種依存文字や特殊文字を使わないようにしましょう。相手が自分とは異なる機器・環境を使っている可能性があります。特に携帯電話やスマートフォンからメールを送る場合には、相手がきちんと表示できる確信がない限り絵文字の使用は控えましょう。

(c) クレジットカード番号やパスワードなどの機密情報を書いてはいけません。電子メールのセキュリティは、葉書と同程度と考えてください。技術的にはメール配送の途中で覗き見られる危険性があります。

(d) 電子メールでは、送り手の顔やしぐさが見えず、また手書きの文字でもないため、微妙なニュアンスがうまく伝わらないことがあります。自分のメッセージを読んで、相手が違ったニュアンスで受け取る恐れがないか、送信する前に落ち着いて読み返してみましょう。

(e) 電子メールは、LINEなどのメッセージングサービスと比べると、やりとりの周期がやや長めです。電子メールを受け取ってから数日後に返信する、ということもよくあります。（メール中で返事を求めたにもかかわらず）数日経っても返事がない場合には、受信者のところで大量のメールに中に埋もれてしまい見落とされた可能性があります。返事が来ない！無視された！とケンカ腰になるのではなく、「紳士的／淑女的に」催促のメールを送ってみましょう。

3.4 演習問題

練習 1. A さんは B さんにメールを送る際に、"CC:" に C さんを指定、"Bcc:" に D さんと E さんを指定しました。このときの説明として適切なものはどれでしょう。

1. B さんは、A さんからのメールが D さんと E さんに送られているのは分かる。
2. C さんは、A さんからのメールが D さんと E さんに送られているのは分かる。
3. D さんは、A さんからのメールが E さんに送られているのは分かる。
4. E さんは、A さんからのメールが C さんに送られているのは分かる。

練習 2. 社員が取引先にメールを送る際に、上司を Bcc:で指定するのではなく、上司に別途報告メールを送るという方法が考えられます。別途報告メールを送る方法と Bcc:で送る方法とを比較し、それぞれの利点／欠点を考えてみましょう。

練習 3. かつての携帯電話でよく使われていた携帯メールと、パソコンのメールとの間でやり取りをする場合、どのようなことに気をつけなければいけないでしょうか。

練習 4. 直接面識のない人にメールを初めて送るとき、どのようなことに気をつけたらいいと思いますか。

第4章

インターネット上のサービス

4.1 インターネット社会

インターネットは我々の生活になくてはならないものになっています。ネットワークでは、音声、文字、画像（静止画と動画）など、様々な情報を送受信することができます。原理的には、ディジタル化された情報ならばどのようなものでも通信することができるので、例えば、お金や信用にかかわる情報も取り扱うことができます。通信環境や通信形態の変革に伴って、インターネット上でできるサービスは急激に増加しています。（図 4.1.1）

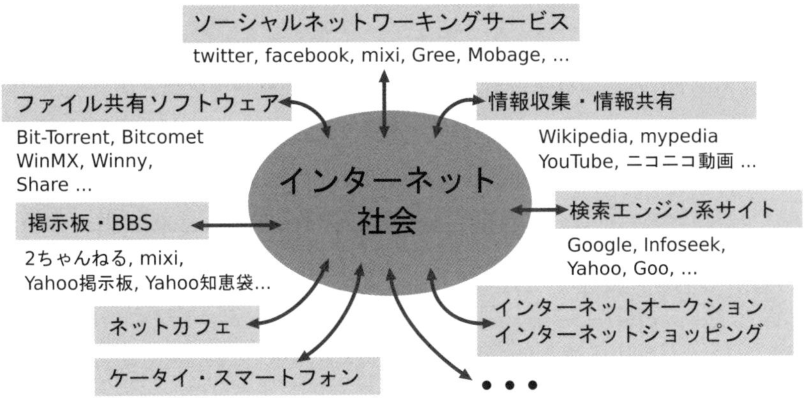

図 4.1.1 様々なネットワークサービス

以下に、インターネット上の代表的なサービスをいくつかあげてみました。皆さんも日常的に利用しているものが多いのではないでしょうか。

- メッセージングサービス
- 電子メール
- IP 電話、テレビ電話
- World Wide Web
- 掲示板
- 検索サイト
- ブログ、プロフ、Twitter
- オンラインストレージ
- ファイル共有
- Social Network System（SNS）
- ネットワークゲーム
- ネットショッピング
- ネットオークション

4.2 コミュニケーションツール

インターネットをコミュニケーションツールとして活用すると、直接出会うよりもはるかに多くの人々と接することができます。世界中の国や言語や文化の異なる地域の人と、面識がないまま友人になることもあるでしょう。地理的に離れた他人との交流手段を提供するインターネットならではのサービスです。

以下ではコミュニケーションの形態の観点からいくつかのサービスを分類してみました。

4.2.1 メッセージングサービス

基本的には、アドレス帳等に登録した特定の相手とメッセージを1対1でやりとりするサービスです。電子メールをより手軽に使えるようにしたもの、と考えてもよいでしょう。

常時携帯しているスマートフォンでの利用が多いことから、リアルタイムで会話しているかのように使うことができます。そのため利用者には「送信したらすぐに読んでもらえる」という感覚があり、すぐに返信をしなかったことが原因でトラブルとなる事例が発生しています。本来は、電子メールと同様、相手の時間を束縛せずにメッセージの交換ができるツールです。

4.2.2 WWW

WWW（World Wide Web）は、現在のようにインターネットが普及するきっかけとなった重要なサービスです。特に1995年1月17日に発生した阪神・淡路大震災では、電話等の従来の通信インフラが壊滅的な被害を受けた中、多数の大学や企業が安否情報、避難所一覧、被災地の様子などの情報を発信するのに使われました。

コミュニケーションツールとしてみたときには、基本的には、不特定多数への情報発信ツールという位置づけになります。

4.2.2.1 WWWの仕組み

WWWは、情報を発信する側となるWebサーバと、Webサーバにアクセスして情報を取得するWebクライアントから成り立っています[1]。取得した情報を画面に表示する機能を持つプログラムは「Webブラウザ」と呼ばれます。有名なWebブラウザには、「Internet Explorer」「Chrome」「Firefox」「Safari」などがあります。

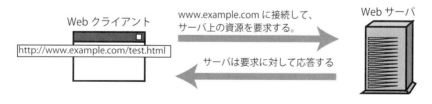

図 4.2.2　WebブラウザとWebサーバ

---

[1] インターネット上のサービスの多くは、こういったクライアント-サーバシステムになっています。「クライアント」とはサービスを要求するプログラムのこと、「サーバ」とは要求に応じてサービスを行うプログラムのことです。

Web ブラウザで Web ページを表示させるには、その表示させたい Web ページの「場所の情報」を入力します。この「場所の情報」は、「URL」とか「ホームページアドレス[2]」と呼ばれます。我々は普通 Web サイトの URL を知らないので、検索サービスを利用して目的の Web サイトへのリンク（この中に、先ほどの URL の情報が埋め込まれています）を手に入れます。

4.2.2.2　WWW による情報発信

ここでは、静的[3]な Web ページによる情報発信についてみてみましょう。Web ページを記述するには、HTML と URL について理解しなければなりません。

- ■ HTML（Hyper Text Markup Language）

  Web ページの中核となるハイパーテキストを記述するための言語（書き方）です。「文章の記述」と「他の資源へのリンク情報の記述」の機能をもっています。当初は文章の論理的構造（見出し、段落、箇条書きなど）を記述するだけでしたが、レイアウト（フォントや色など）の記述もできるように発展してきました。現在は、装飾情報は CSS（Cascading Style Sheets）という方法を使うのが主流です。Web ブラウザで「ソースを表示」という機能を使うと、その Web ページの HTML を見ることができます。

- ■ URL（Uniform Resource Locator）

  アクセスしたいデータが、インターネット上のどこにあるのか、どのような方法でアクセスすればよいのか、を統一的な表記で表したものです。図 4.2.3 に URL の形式を示します。Web ブラウザでは、これをアドレス欄に入力することでアクセスしたい Web ページを見ることができます。HTML 中で他の Web ページへのリンクを作るときには、この URL を使って記述します。

```
scheme://host.domain [:port]/path
```

scheme	アクセスの方法（http, https, ftp など）
host.domain	データを持っているコンピュータの情報（ホスト名や IP アドレス）
port	サーバのポート番号
path	コンピュータの中のデータの場所（ディレクトリ名やファイル名）

図 4.2.3　URL の形式

4.2.2.3　HTML の例

図 4.2.4 に HTML の例（少しいい加減ですが）を示します。全体を<html>と</html>で囲むことで HTML 文書であることを宣言します。<head>と</head>で囲んだ部分は、タイトルの表示などのヘッダー情報の記述に使われます。<body>と</body>で囲まれた部分が Web ブラウザで表示される部分です。インデント（行の先頭の字下げ）は構造を見やすくするためで表示には影響しません。<と>で囲まれた部分を**タグ**と呼びます。

---

[2] マスコミがよくこの表現を使いますが、本来「ホームページ」は、Web ブラウザが最初に表示する Web ページ（ブラウザの家マークボタンで表示される Web ページ）のことを指します。

[3] いつ誰がアクセスしても同じ内容が表示される Web ページを静的なページといいます。これに対して、時間や人、入力データなどに応じて、表示される内容が変わるものは動的なページといいます。動的なページを作るには Web プログラミングの知識が必要になるので本書では取り扱いません。

```
<html>
  <head>
    <title>WWW-Page (Japanese)</title>
    <style>
       body {color:blue; background-color:white;}
       .sig  {text-align:right;}
       h1 {text-align:center;}
       h1 .aaa {color:red; font-weight:bold; font-size:12pt;}
       table {width:200px;margin:auto;}
       th {background-color:#ddcc33;}
       td {background-color:lightgrey;}
    </style>
  </head>
  <body >
    <hr>
    <div class="sig">
    [作成者：いばらきたろこ]<br> Update:5 Aug.
    </div>
    <h1>
      <span class="aaa">ようこそ</span><br>
      Welcome to Taroko's Web-page
    </h1>
    <table>
      <tr>
        <th>1</th>
        <td>A</td>
        <td>B</td>
      </tr>
      <tr>
        <th>2</th>
        <td>C</td>
        <td>D</td>
      </tr>
    </table>
    <img src="http://www.ibaraki.ac.jp/common/img/logo.png" height="40px">
    <a href="http://www.ibaraki.ac.jp/">大学のページへ</a>
  </body>
</html>
```

図 4.2.4　HTML の例

4.2.2.4 検索ポータルサイト

知らない言葉は、とりあえず「ググる」のが一般的です。「ググる」は「Google（グーグル）で検索する」というところからきた造語です。

Googleなどの検索サイトでは**検索エンジン**という仕組みを使っています。検索エンジンは、**クローラ（Crawler）**と呼ばれる情報自動収集プログラムがインターネット上に公開されているWebサイトから集めてきた情報を分類しておき、利用者が入力した検索語にマッチするWebページを候補として表示します。テキスト以外に、画像や動画なども検索できます。

Google以外にもいくつかの検索サイトがあります。辞書, メール, ニュース, ショッピング, 翻訳, 地図, 路線検索, 地図など、多種多様なサービスへの窓口を備えた「ポータルサイト」として発展しているものもあります[4]。自分が何を調べたいのかに応じて、利用するサイトを使い分けるようにしましょう。

4.2.3 ブログ

ブログ（Web log）とは、Webページを使った公開日記のようなものです。Webサーバ上に編集用の仕組みがあらかじめ用意されているため、利用者はWebページのHTMLをいちいち書かなくてもよいという特徴があります。ブログでは、読んだ人がコメントをつけること（トラックバック）ができるので、見ず知らずの人とゆるい双方向のコミュニケーションをとることが可能です。

4.2.4 掲示板

掲示板は、不特定多数の人達と情報交換できる場です。掲示板に書き込んだ情報は全世界に公開されるので、そこでのやりとりは公開討論会のような感じになります。

掲示板もWebベースのシステムですが、利用者はどこかで運営されている掲示板システムにメッセージを書き込むだけで情報を発信できます。（見かけ上は）匿名で書き込むことができることもあって、非常に多くの情報発信が行われています。

4.2.5 SNS

ソーシャルネットワーキングサービス（Social Networking Services；SNS）は、実社会と同様の人間関係をインターネット上で実現しようというものです。一般のWebサービスが世界中の人々から自由に閲覧できるのに対し、SNSでは「友達の友達を紹介する」とか「同好の士が集う」といった方法でメッセージのやりとりを通じて交流を深めています。そのため、SNS上で情報発信をするためには利用者登録を必要とし、また「情報発信者との距離」によって、閲覧できる情報の範囲が変わるものが多くあります。

---

[4] 独自の検索エンジンは持たずに、Google検索エンジンの情報を利用しているサイトがほとんどです。

4.2.5.1　Twitter

ツイッター (Twitter) は、ツイート (tweet) と呼ばれる 140 文字以内の短文を投稿することができるサービスとして 2006 年頃に始まりました。ブログをさらに手軽にしたもので、マイクロブログと呼ばれるカテゴリーに属するサービスです。利用者は Web サーバを準備する必要がなく、ツイッター用のアプリケーションを使って投稿するだけで情報発信が可能です。スマホアプリの登場で、いつでもどこでも情報発信が可能になりました。

2011 年 3 月 11 日の東日本大震災のときには、多くの市民のツイートにより被害状況の詳細な情報の伝達が行われ、Web サービスよりも迅速できめ細かい支援活動につながりました。

ツイッターで情報を発信するためには個人個人が Twitter ID を取得する必要があり、(ある程度の匿名性はあるものの)「誰がいつ何をツイートしたか」は基本的には全世界に公開されています。ある人がツイートした内容が自動的に送られてくる「フォロー」や、ある人がツイートした内容を自分が再転送する「リツイート」などの機能により、ゆるい人間関係が構築できます。

4.2.5.2　Facebook

Facebook も Web システムをベースにしたサービスで、もともとは大学の学生同士の自己紹介システムとして 2004 年に始まりました。Facebook アカウントがない人にも公開する情報、「友達」にだけ公開する情報、共通の趣味をもつ人など同じグループに所属する人にだけ公開する情報などが制御できます。Facebook は実名登録が原則であるため、それを強みとして、就職活動・求人活動などにも活用されているようです。

4.3　クラウドサービス

クラウド (Cloud) とは、サービスを提供するサーバの構成や場所を、まるで雲の中にあるように意識せず (できず?) に使えるサービスの総称です。クラウドのサービスは急速に変化していますが、その形態は大きく表 4.1 のように分類されます。図 4.3.5 に示すように、SaaS, PaaS, IaaS の順に柔軟性が増しますが費用も増大します。

表 4.1　クラウドサービスの形態

タイプ	サービス内容	例
SaaS (Software as a Service)	ソフトウェアの提供	Dropbox, Google Groups
PaaS (Platform as a Service)	プラットフォームの提供	Web サービスの提供
IaaS (Infrastructure as a Service)	インフラの提供	仮想サーバの提供

個人が利用することが多いのは SaaS の形態です。SaaS のサービスの典型例は、Dropbox, Google ドライブ, One Drive など、インターネット上のサーバにファイルを保存するクラウドストレージサービスです。専用のアプリケーションを使うことで、HDD や USB メモリな

4.3 クラウドサービス

SaaS　サービスの利用のみ。利用者は OS やサーバ、アプリケーション等を管理する必要がない。

PaaS　アプリケーション構築のためのフレームウェアの提供。例えば Web サーバや DB サーバが提供され、利用者はそれらを管理する必要がない。

IaaS　利用者は OS レベルからサーバ管理できる

図 4.3.5　サービス形態による管理コストの違い

どとほとんど同じ操作感でファイルを保存することができます。インターネットが利用できる場所ならばどこからでもアクセスできることから、利用が急速に拡大しています。クラウドストレージサービスは、書き込みの速度は USB メモリよりも一般に低速ですが、USB メモリの紛失といった危険性を回避することができます。

　Google Groups などのグループウェア機能も、メンバー間の情報交換用によく利用されています。これらのサービスでは蓄積された情報の公開範囲に注意が必要です。公開する範囲は設定によって変更することができますが、利用者はメンバーのみが閲覧していると思っていたのに、実際にはメンバー外にも公開される設定になっていて、情報漏洩に繋がる事故も多発しています。公開範囲のデフォルトの設定は時代によって変わるので、自分自身でしっかりと確認することが必要です。

2つの「クラウド」

　最近のインターネットのトレンドには、2つの「クラウド」があります。

　クラウドサービスやクラウドコンピューティングの「クラウド」は、cloud（雲）です。これは、世界中に分散配置されたサーバ群のどれかで処理が行われるのだけれど、どこで実際に処理が行われているかは、そのときの処理の割り振り次第で明言できない、といったことから、サービスを提供している「サーバ」がインターネット上のどこなのかわからない、（インターネットという）雲の中のどこかにはあるんだけどね、というニュアンスです。

　一方、クラウドソーシングやクラウドファンデイングという動きがあります。こちらのクラウドは crowd（群衆）のほうです。SNS などを活用することで、実際には面識がなくとも、共通の興味を持つ不特定多数の人とコミュニケーションを取ることができます。不特定多数の人に呼びかけて、必要とするアイデアやサービスを入手するのが、クラウドソーシングです。特に資金を募る場合をクラウドファンディングと呼び、多くのベンチャーの資金源となっています。

4.4 P2P ファイル共有システム

P2P（Peer-to-Peer；ピアツーピア）とは、サービスを提供する中心となるサーバが存在せず、末端の機器同士が直接通信をすることで成り立っている、という意味です。それぞれの末端にはサーバやクライアントという（専用の）役割がなく、対等の関係であるところからピア（仲間）という単語が使われています。

P2P のシステムの中には、匿名性をあげるために、ピア同士が直接通信するのではなく、他のピアを中継するようになっているものもあります。ファイルを転送するときに、中継ピアのところにもファイルのコピーが作成されることがあります。

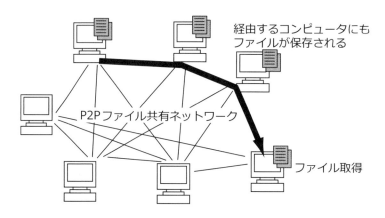

図 4.4.6　P2P ファイル共有ネットワーク

P2P ファイル共有システムには以下のような特徴があります。

(a) 事前のユーザ登録などが不要なため、まったく見ず知らずの個人同士でデータをやりとりすることになります。

(b) P2P ファイル共有システムを利用するには、専用のプログラムを使います。ファイルをダウンロードするソフトウェアと、ファイルを公開するソフトウェアは、同一です。つまり、ファイルをダウンロードするつもりで P2P ファイル共有システムに参加するということは、自分もファイルを公開する立場になることを意味します。

(c) ファイルを取得する方では、検索機能を利用して検索条件に合うファイルを取得します。このとき取得されるファイルはどこか専用のサーバにあるのではなく、同じ P2P ファイル共有システムに参加している不特定多数のユーザの中の、誰かのパソコンに保存されています。

(d) ファイルを公開する機能では、通常、公開するフォルダを指定することで公開するファイルを制限することができます。

(e) 一旦 公開された情報は、誰にコピーされたか分からないため、システムから完全に削除することは事実上不可能です。

4.5 電子商取引

4.5.1 インターネットショッピング

インターネットショッピングは、インターネットを介して買い物ができるサービスのことです。次のような特徴があります。

(a) 自宅に居ながらにして欲しいものを購入することができるため、近くに取り扱い店がない商品でも入手できる。

(b) 多くの通販サイトの価格を比較し、最も販売価格の安いところから購入することができる。

(c) 店舗から遠く離れた顧客層をターゲットにできる。

(d) すべての在庫商品を店舗に実際に陳列する必要がなく、また、商品の保管場所を店舗の近くに用意する必要もないことから、取扱商品のバリエーションを増やすことができる。

一般の商品の場合には「品物の配送」は宅配便などを利用して行われます。ディジタルコンテンツが商品の場合には、商品の配達もネットワーク経由で行われることもあります。また「決済」については、銀行口座振り込み、商品受け取り時に配送業者に代金を渡す「代金引換」、クレジットカードなどを利用した電子決済など、様々な選択肢があります。

4.5.2 インターネットオークション

インターネットオークションは、出品されている物に一番高い値段を付けた人が取得できる仕組みであり、サイト運営者、出品者、入札者（落札者）からなります。ユーザは、出品者か入札者として参加することになります。インターネットオークションは、あくまでも個人売買が原則ですので、インターネットショッピング以上に自己責任が求められることはいうまでもありません。

自分が不要になった物をゴミとして捨てるのではなく、オークションに出品することで資源のリサイクルにもつながります。不要品を引き取ってくれる店舗もありますが、現実には多くの人が欲しがるような物でないと引き取ってもらえないこともあります。インターネットオークションならば、ジャンルごとに分かれていることもあるので、ごく一部のコミュニティの人だけが欲しがるような物であっても、きちんと価値が評価され高値がつくことがあります。

4.6 演習問題

練習 1. Twitter、掲示板、YouTube などを利用して、一般の人が事件の生情報を手軽に発信できるようになっています。これらとテレビ・新聞などの商業メディアとの違い、および商業メディアに与える影響を考えてみましょう。

練習 2. たとえ真実であっても不用意に報道してしまうとかえって被害を拡大するなど、社会に悪影響を及ぼすことがわかっている場合には、商業メディアは報道を控えることがあります。一方、商業メディアが報道を控えるような情報でも、一般の人が情報発信してしまうことがあります。これについてどう考えますか。

練習 3. 下記の表は、2010 頃に調査された SNS の状況をまとめたものです。SNS の会員になる方法を大別すると、会員の招待がないと会員になれない招待制と会員になりたい人が自由に登録できる登録制とがあります。会員獲得策の特徴と問題点を考えてみましょう。

mixi	GREE	モバゲータウン
2004 年 2 月開始	2004 年 2 月開始	2006 年 2 月開始
完全招待制 登録制	登録制	登録制
1858 万人	1673 万人	1581 万人
友人・知人関係を中心に交流し、日記や写真も公開。関心分野の情報を共有できる。ゲーム利用も。	ゲーム利用が中心。日記の掲載やサイト上での会話も可能。	携帯電話によるゲーム利用が中心。利用者間で交流できるゲームを導入。日記やメールも可能。

練習 4. インターネットショッピングの代金の決済方法として、クレジットカード決済、銀行口座振込、代金引換などがあります。それぞれのメリット、デメリットについて考えてみましょう。匿名性、流通、セキュリティ、価格など、様々な観点があります。また商品発送者からの視点ではどうでしょうか。

練習 5. WikiLeaks と Facebook が社会に与えた影響は何でしょうか。良い点からも悪い点からも考えてみましょう。

練習 6. 50 年後の社会はどのようになっているでしょう。大胆に予想してみましょう。

練習 7. Web ブラウザで以下のような表示になるように、HTML を使って書いてみましょう。タイトルも表示できるようにしてみましょう。

練習 7 で作るページ

第5章

情報倫理と情報関連の法律

5.1 情報倫理とは

あなたは、電車やバスの中で、携帯電話で話している人をみて不快に思ったことはないでしょうか？不快に思った理由として、例えば次のようなものはどうでしょう。

1. 一方の話し声しか聞こえず、会話の内容がわかりにくいから。
2. 単純にうるさいから。
3. 他の人の迷惑になっているから。
4. 車内で携帯電話を使わないのは、マナーとして常識だから。
5. 「携帯電話の利用はご遠慮ください」といわれているのに従っていないから。

5つ目については、もし「ご遠慮ください」といわれていないのならば、不快と感じることはなかったのでしょうか？4つ目には「マナー」「常識」という言葉が出てきました。これは、3つ目の意見を多くの人が支持していることから形成されたものといえるかもしれません。つまり2つ目のような感情を抱く人が多く居るかどうかで、マナーとして定着するかどうかが変わる可能性があります。

「マナー」「常識」は、本質的に主観的な側面があります。我々個人の意見／考え方が、自分たちのまったく知らないところで共通的な事項として取り上げられ、ある意見として集約されます。その意見に再び私達一人一人が触れ、考える中で、自分の意見が強化されたり修正されたりした結果、共通の概念が「みんなも大体このように考えている」という形で「常識」として捉えられるようになっていきます。

社会的に大きな出来事の場合には、マスメディアによって社会的合意が形成していくことがあります。評論家、法律家、教育関係者など、いわゆる「有識者」と呼ばれる人たちが意見を発信することでオピニオンリーダーとなります。私達はそういった意見を見聞きするうちに、徐々に自分の考えを構築しています。

倫理は、これまでの人類の歴史の中で培われて来た物事の善悪の判断基準です。一方、法律は、社会生活がスムーズに行われるように明文化されたルールです。倫理と法律・規則は、図5.1.1のように互いに重なり合っていると考えられています。どちらかが他方を包含しているという訳ではありません。一部の法律は倫理に根ざして作成されていますが、そうでないもの

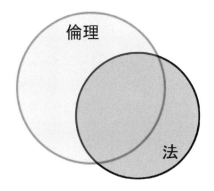

図 5.1.1　倫理と法の関係

もあります。例えば、交通法規の「車両は道路の左側を通行すること」といったルールは、善悪で決まっているわけではありません。

倫理は法律やルールのように明文化されておらず、罰則もありません。つまり、倫理は法のように外面的な強制力を伴うものではなく、内面的なものといえます。「自分を律することができる心」「誰も見ていなくても、正しいと考える態度がとれる」という心のあり方が問われるのです。このような「倫理観」は一朝一夕で身につけることは困難です。

情報社会では、新しい技術が急速に社会に出現しています。これまで「有識者」とされる人々であっても正しく問題点を理解できません。その「よく理解していない人々の意見」が一人歩きしてしまうことがあります。つまり情報社会の「常識」はまだ形成されつつある段階といえます。法律も、問題が起きてから対処法を考え、整備しているような状況です。

このような状況のもとでは、「取り締まる法律がないから許されるんだ」と考えるのではなく、これまでの生活で身につけた価値観と倫理観に基づいて考え、（法律がなくとも）善悪を自分自身で判断していくことが求められます。

このとき、インターネットが全世界規模であることを忘れてはいけません。ある一つの国の「常識」が他国では通用しないことも多々あります。情報社会では「世界規模の倫理観」を必要としています。これまでのごく狭い範囲の倫理に捕われることなく、視野を大きく広げる必要があります。

5.2　情報関連の法律

インターネット社会も現実の人間社会の一部ですから、お互いが快適に過ごすためのモラルも必要ですし、既存の法律も適用されます。情報に関する法律の主なものを以下に示します。

- 高度情報通信ネットワーク社会形成基本法（IT 基本法）
- インターネット異性紹介事業を利用して児童を誘引する行為の規制等に関する法律（出会い系サイト規制法）
- 特定商取引に関する法律

- 特定電子メールの送信の適正化等に関する法律
- 電子消費者契約法
- 不正アクセス行為の禁止等に関する法律（不正アクセス禁止法）
- 電子計算機損壊等業務妨害罪
- 青少年が安全に安心してインターネットを利用できる環境の整備等に関する法律
- 個人情報保護法
- 肖像権、プライバシー権
- 知的財産権（著作権など）
- 表現の自由、知る権利、通信の秘密（日本国憲法）

5.2.1 不正アクセス行為の禁止等に関する法律

不正アクセスとは、コンピュータに利用資格の無いユーザがネットワークを通して侵入し、コンピュータの設定やデータなどの内容を見たり、データを破壊したり、他のコンピュータを攻撃するための足場にする行為などです。この行為をクラッキング（Cracking）と呼び、そのような行為をする人をクラッカー（Cracker）と呼びます[1]。

「不正アクセス行為の禁止等に関する法律」は、次ページに示すように、不正アクセス行為の禁止（第三条）、不正アクセス行為を助長する行為の禁止（第四条）、アクセス管理者による防御措置（第五条）があります。「不正アクセス行為の禁止」には、

(a) 他人のパスワードやIDを無断で入力して利用制限を解除し、特定利用ができる状態にする行為

(b) セキュリティホールへのアタック（アクセス制御機能による特定利用の制限を免れることができる情報又は指令を入力）する行為

に対するものがあります。また、「不正アクセス行為を助長する行為の禁止」については、

(c) 他人のパスワードやIDを第三者に伝える行為

などがあります。

図 5.2.2 不正アクセス行為の例

---

[1] ハッカー（Hacker）という言葉もあるが、こちらはもともとコンピュータについて極めて深い知識を持ったマニアというような意味であり、コンピュータ犯罪を行う人を指す言葉ではない。クラッカーではないハッカーを表すために、ホワイトハッカーという言葉が生まれている。

不正アクセス行為の禁止等に関する法律

(a) 第三条 不正アクセス行為の禁止

1. 何人も、不正アクセス行為をしてはならない。
2. 前項に規定する不正アクセス行為とは、次の各号の一に該当する行為をいう。
   - 一 アクセス制御機能を有する特定電子計算機に電気通信回線を通じて当該アクセス制御機能に係る他人の識別符号を入力して当該特定電子計算機を作動させ、当該アクセス制御機能により制限されている特定利用をし得る状態にさせる行為（当該アクセス制御機能を付加したアクセス管理者がするもの及び当該アクセス管理者又は当該識別符号に係る利用権者の承諾を得てするものを除く。）
   - 二 アクセス制御機能を有する特定電子計算機に電気通信回線を通じて当該アクセス制御機能による特定利用の制限を免れることができる情報（識別符号であるものを除く。）又は指令を入力して当該特定電子計算機を作動させ、その制限されている特定利用をし得る状態にさせる行為（当該アクセス制御機能を付加したアクセス管理者がするもの及び当該アクセス管理者の承諾を得てするものを除く。次号において同じ。）
   - 三 電気通信回線を介して接続された他の特定電子計算機が有するアクセス制御機能によりその特定利用を制限されている特定電子計算機に電気通信回線を通じてその制限を免れることができる情報又は指令を入力して当該特定電子計算機を作動させ、その制限されている特定利用をし得る状態にさせる行為

(b) 第四条 不正アクセス行為を助長する行為の禁止

何人も、アクセス制御機能に係る他人の識別符号を、その識別符号がどの特定電子計算機の特定利用に係るものであるかを明らかにして、又はこれを知っている者の求めに応じて、当該アクセス制御機能に係るアクセス管理者及び当該識別符号に係る利用権者以外の者に提供してはならない。ただし、当該アクセス管理者がする場合又は当該アクセス管理者若しくは当該利用権者の承諾を得てする場合は、この限りでない。

(c) 第五条 アクセス管理者による防御措置

アクセス制御機能を特定電子計算機に付加したアクセス管理者は、当該アクセス制御機能に係る識別符号又はこれを当該アクセス制御機能により確認するために用いる符号の適正な管理に努めるとともに、常に当該アクセス制御機能の有効性を検証し、必要があると認めるときは速やかにその機能の高度化その他当該特定電子計算機を不正アクセス行為から防御するため必要な措置を講ずるよう努めるものとする。

5.2.2 知的財産権

何も記録されていない CD-R の値段と音楽 CD の値段の差は、そこに記録されている音楽、すなわち「情報」の値段です。音楽だけでなく、ノウハウ、アルゴリズム、ドキュメント、映像、論文、発明、特許、デザインなど、高い価値があるけど実体がないもの（無体物）が多くあります。これらの目に見えない価値を一般に無体財産あるいは**知的財産**といいます。知的財産をつくり出すためには材料費などはかからないかもしれませんが、大変な知的労働が必要となります。

「財産的価値を有する情報」に関する法律は、次のような観点に基づいて整備されています。
1. 容易に模倣されたり、利用による消費がなく、多くの人が同時に利用することができます。
2. 無制限な利用や無理解な秘匿は文化（人間社会）の発展を損ねかねません。
3. 情報の利用許諾をきちんと管理することで、質の悪い模造品の生産を抑制し、消費者が安心して購入することができるようになります。

知的財産権とは、「知的財産を作り出した人に対して一定範囲の権利を保証することによって、社会全体としての文化の発展を促す」、つまり簡単にいえば「新しいことを考え出す人を社会で称賛しよう」というものです。

知的財産権は図 5.2.3 のように、著作権、特許権などの産業財産権、その他に分類されます。

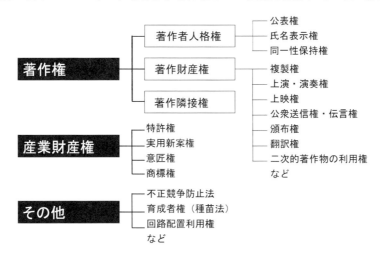

図 5.2.3　知的財産権の分類

5.2.2.1 著作権と著作権法

著作権法は、著作物に対する著作者の権利を決めることによって、公正利用と著作権者の保護のバランスを取ることを目的としています。著作権法はもともとは印刷物が対象でしたが、技術の進歩に合わせて何度も改正が繰り返され、現在ではコンピュータソフトウェアなども保護の対象となっています。

著作者の権利は、「著作者人格権」という人格的な利益を保護するもの、「著作財産権」という財産的な利益を保護するもの、「著作隣接権」という著作者以外で著作物の伝達を行う者の権利を保護するものから構成されています。

「著作者人格権」は著作者だけが持っている権利であり、譲渡したり、相続したりすることはできません（一身専属権）。この著作者人格権には表 5.1 の権利が含まれています。著作者人格権は著作者の死亡とともに消滅します。しかし、著作者の死後においても、もし生存していれば著作者人格権の侵害となるような行為（例えば内容やタイトルの改変など）をしてはならないことになっています。

表 5.1　著作者人格権

公表権（第 18 条）	自分の著作物でまだ公表していないものを公表するかどうかを決定できる権利。公表するとすれば、公表する時間、方法、形式などを決めることができる権利。
氏名表示権（第 19 条）	自分の著作物を公表するときに著作者名を表示するかどうかを決定できる権利。表示するとすれば、実名か変名かを決めることができる権利。
同一性保持権（第 20 条）	自分の著作物の内容や題名を自分の意に反して勝手に改変されない権利。

「著作財産権」には多くの権利が含まれています。代表的なものについては表 5.2 に示します。著作財産権は著作者人格権とは異なり、その一部又は全部を譲渡したり相続したりできます。巷で「著作権を譲渡した」というのは、この著作財産権を譲渡したということです。著作財産権を譲渡または相続などをした場合、著作権者は著作者とは異なる人になります。

表 5.2　著作財産権

複製権（第 21 条）	著作物を印刷、写真、複写、録音、録画などの方法により複製物を作る権利
公衆送信可能化権等（第 23 条）	著作物を公衆送信したり、公衆送信された著作物を公に伝達する権利
頒布権（第 26 条）	映画の著作物を公に上映したり、頒布（販売・貸与など）する権利
二次的著作物の利用権（第 28 条）	翻訳物、翻案物などの二次的著作物を利用する権利。二次的著作物については、二次的著作物の著作者だけでなく、原著作者も権利をもつ。

5.2.2.2 著作権の主張

日本では、著作物の著作権は「著作物を作った瞬間」に自動的に発生します。これは「無方式主義」と呼ばれます。しかし外国の中には無方式主義ではないところもあります。そのような国では著作権表示を行なわないと、著作権を主張していないとみなされることもあります。そのため、どこの国に持っていっても大丈夫なように、ほとんどの著作物には以下のような著作権表示がなされています。

Copyright 2014 名無しの権兵衛 All rights reserved

Ⓒ名無しの権兵衛 2014

5.2.2.3 他人の著作物を利用したい場合には

著作物をそのまま利用することは著作権法上の「複製」に該当します。著作権法では、利用者に対して著作権者が行き過ぎた制限を加えないように、利用者が著作者の許諾を得なくても著作物を複製できる範囲を定めています（著作権法第30条〜）。これらに該当すれば、権利者の利益を不当に害さない範囲で、承諾なしに著作物を利用できます。例えば、以下のようなものです。

(a) 私的使用（個人的に又は家庭内などの範囲で利用する）のための複製（第30条）

　この「（個人的に又は…利用する）」の部分はかなり狭く解釈されます。例えば友人のために著作物を複製する[2]ことは、「私的使用のための複製」にはなりません。

(b) 引用のための複製（第32条）

　「その引用は、公正な慣行に合致するものであり、かつ、報道、批評、研究その他の目的上正当な範囲内で行われるものでなければならない」という制限がついています。

　具体的には、以下のすべてを満たす必要があります。

- 引用される著作物が既に公表されていること[3]
- 引用部分とそれ以外の部分とが明瞭に区別されていること
- 自分の著作物が「主」、引用する著作物が「従」の関係であること
- 引用する「必要性」があること
- 出典を明示すること

ちなみに、正しい「引用」は、本来 著作権者の許可が不要なものなので、「無断引用」という表現は不適切です。

---

[2] 「自分のために複製しておいたものを、あとで友人にあげたんだ」という理屈をこねても、今度は「頒布権の侵害」となります。

[3] 著作物が公表されていない場合でも、他人が書いたものをさも自分のアイデアであるかのように主張することは倫理上許されません。

(c) 学校などで授業に使う目的での著作物の複製（第 35 条）

これも無制限に許されるのではなく、「著作権者の利益を不当に害しない範囲で」という制限がついています。例えばゼミ資料として、書籍をまるまる一冊コピーするのは許されません。また、書籍の一部をディジタル情報化し、個人の授業用 Web ページに掲載する場合も許されないことがあります。

これらの条件のどれにも当てはまらない場合には、著作権者に使用許可をもらわなければなりません。大抵は、著作権料を支払うことで許諾を得ることができます。

5.2.2.4　著作権法の改正について

著作権法は技術の進歩や社会問題の発生を受けて改正を繰り返しています。直近の改訂では、インターネットのサービスに関する大きな変更がありました。

平成 22 年の改正

平成 22 年の改正では次の 3 点が大きく変わりました。

(1) インターネット等を活用した著作物利用の円滑化を図るための措置
(2) 違法な著作物の流通抑止のための措置
　(2-1) 著作権等侵害品の頒布の申出の侵害化
　(2-2) 私的使用目的の複製に係る権利制限規定の範囲の見直し
(3) 障害者の情報利用の機会の確保のための措置

特に (2) の項目は、インターネット利用でよく行なわれている行為を対象としているので、注意が必要です。

(2-1) は、映画コンテンツなどの海賊版をインターネットオークションに出品するといった状況に対する規制です。これまではインターネットオークションに出品しても（その段階で実際に「所持」しているかどうか不明なため）違法ではありませんでしたが、この改正によって出品した時点で違法となります。

(2-2) の方は、テレビ放送されたアニメ番組を動画ファイルとして（著作権者の許可なく）アップロードしている Web サイトから、そのファイルをダウンロードして視聴するといった行為に対する規制です。これまではアップロードする側だけが著作権侵害となりダウンロードする側は違法ではありませんでした。しかし、この改正によって「著作権侵害しているコンテンツであることを知りながら」ダウンロードした場合には違法となりました。ただし罰則はありません（でしたが、次の改正で罰則が付きます）。

平成 24 年の改正

平成 24 年の改正では次の 5 点が大きく改正されました。

(1) いわゆる「写り込み」（付随対象著作物の利用）等に係る規定の整備
(2) 国立国会図書館による図書館資料の自動公衆送信等に係る規定の整備
(3) 公文書等の管理に関する法律等に基づく利用に係る規定の整備

(4) 著作権等の技術的保護手段に係る規定の整備
　(4-1)　違法ダウンロードの刑罰化
　(4-2)　技術的保護手段に関する定義の変更
　(4-3)　第 30 条第 1 項第 2 号の技術的保護手段の回避に係る定義の追加
　(4-4)　技術的保護手段の回避情報の提供の違法・刑罰化
(5) 違法ダウンロードの刑事罰化に係る規定の整備

特に (4) の項目は「罰則規定の追加」を含んでいますので、注意しましょう。

(4-1) は、違法コンテンツのダウンロードに関する規制の強化で、平成 22 年の改正では「違法ではあるが刑罰はない」だったのですが、平成 24 年の改正で刑罰を伴うものとなりました。

(4-2) (4-3) は、DVD や Blu-ray Disk などに施されているコピーガードやアクセスガードを回避してコピーする行為に対する規制です。いわゆる DVD リッピングといった行為は違法となりました。

(4-4) は、実際にコピーガードを回避する行為を行わなくとも、そのための装置や情報を公開するだけで違法となりました。

平成 26 年の改正

平成 26 年の改正では、電子書籍の増加とインターネット上の海賊版被害の増加に対応するため、電子書籍の出版権に関する整備が行われました。

5.2.3　Creative Commons（クリエイティブ・コモンズ）ライセンス

著作権の考え方は、もともとの copyright という言葉からもわかるように、「複製する権利」を制御する事で知的財産を守ろうとするものでした。しかしインターネットの時代には、ディジタル情報の複製が極めて容易であることを積極的に活用し、自分の作品をみんなに利用して欲しいと考える人が出てきました。このように「著作権を放棄せずに利用を許諾」するためには、従来の著作権の枠組みでは、利用者が著作権者の許可を個別に得るしかありませんでした。これではインターネット時代のスピードに対応できません。そこで提案されたのが Creative Commons です。

Creative Commons（以下 CC）とは、インターネット時代に即した新しい著作権ルールとライセンスを策定し、その普及を図る国際的な非営利団体です[4]。CC が策定したライセンスは「クリエイティブ・コモンズ・ライセンス」と呼ばれており、著作権者自身が利用者に対して「この条件を守れば私の作品を自由に使ってよいですよ」という意思表示をするための仕組みです。作品の利用のための条件は、「表示」「非営利」「改変禁止」「継承」の 4 つで、これらの条件を組み合わせてできる 6 種類の基本的な CC ライセンスがあります。CC ライセンスについては、8.2.4 節で詳しく紹介します。

---

[4] 日本法人は Creative Commons Japan です。http://creativecommons.jp/

5.2.4 ソフトウェアのライセンス

コンピュータソフトウェアの場合には、著作権の行使方法を著作者自身が表明している場合があり、コピーなどが自由にできることもあります。著作者が著作権をどのように行使するか、またはしないかによって、ソフトウェアをおおまかに分類すると表5.3のようになります。

表5.3 ソフトウェアのおおまかな分類

商用ソフトウェア	入手および使用が有料であるソフトウェア。著作者の許諾なく複製物の配布や改変が禁止されている。
シェアウェア（Shareware）	無料で入手できるが、使用料金に条件がついているソフトウェア。例えば、試しに利用するのは無料だが、気に入って長く利用する場合には使用料金を支払わなければならない、といったもの。通常、著作権は放棄しておらず、使用料金を払わないと一部の機能が制限されていることが多い。商用ソフトウェアのお試し版もここに分類される。
フリーソフトウェア（Free Software）	入手および使用料金が無料であるソフトウェア。著作権を放棄していることは意味しないので、使用は自由だが配布や改変に条件がついていることがある。無料だが、登録しないと機能制限される場合もある。
パブリックドメインソフトウェア（Public Domain Software; PDS）	著作権を完全に放棄したソフトウェア。コピー、改変、配布の一切が自由にできる。極端な話、販売して利益をあげることもできる。日本では著作者人格権が放棄できないため、厳密な意味でのPDSを作ることができない。

フリーソフトウェアのある種のコンピュータソフトウェアでは、製品である実行プログラムだけでなく、そのレシピにあたるソースコードもインターネット上で公開されることがあります。こういったソフトウェアをオープンソース（Open Source）といいます。オープンソースでは、GPL（GNU General Public License）など独自のライセンス形態が用いられています。GPLではコピーレフト（Copyleft）という権利を主張します。コピーレフトは、1984年にフリーソフトウェア財団を設立したリチャード・ストールマンによって「著作権を保持したまま、二次的著作物を含めて利用・再配布・改変などを自由に行えること」を目的として提唱されました。

これまでのコンピュータ社会の発展は、コピーや改変を自由に許すこれらのソフトウェアの存在によるところが大きいと考えられます。ソフトウェアを使用するときには、著作者の意志を尊重して取扱うようにしたいものです。

> **使用許諾条件を読んでみよう**
>
> パソコン用のソフトウェアを購入したら、そのソフトウェアをどのように扱っても自分の勝手！と考えがちですが、実はそうではありません。契約書には、例えば「本契約に同意することによって、非独占的でかつ譲渡不能な使用権の許諾を与える」などといったことが記載されています。これはわかりやすく言い替えると、
>
> - （メーカは）そのソフトウェアを「使う」ことをあなたに許す。（使用権の許諾）
> - しかし、あなたはその使用権を他人に譲ってはいけない。（譲渡不能）
> - （メーカは）あなた以外の人にも使用権を許諾する。（非独占）
>
> という契約を、メーカとあなたの間で締結した、ということです。
>
> 契約内容はソフトウェアによって異なります。例えば、一切のソフトウェアをアンインストールすることを条件に、ドキュメントやマニュアルなどを含めたすべてのソフトウェアを第三者に譲渡することを許している場合もあります。1台のパソコンにだけインストールを認めるもの、同時に利用しないことを条件にデスクトップ型のパソコンとノートパソコンの2台まではインストールを認めるものなど、様々な条件がついています。

5.3 携帯電話やスマートフォンに関する法律

携帯電話やスマートフォンは肌身離さず持ち歩くことから、TPO（時 Time, 場所 Place, 場合 Occasion）をわきまえずに利用する人が増えており、いくつかの社会問題を引き起こしています。ここでは携帯電話などに関する法律や規則などを紹介します。

(a) 運転中の携帯電話使用（道路交通法）

運転中のスマートフォン操作が原因で歩行者を轢いてしまう重大事故が頻発しています。運転中の携帯電話使用については、道路交通法で罰則／反則金／違反点数が定められています。カーナビなども含めて携帯電話などの画面を2秒以上見続けることは「注視」に該当するとされています。仮に時速60kmで走行しているとすると、2秒間では33m前進します。そのため画面の注視は、わき見と同様、事故につながる危険性が高くなります。

(b) 飛行機内の携帯電話使用（航空法）

飛行機内での携帯電話の使用は、飛行機の計器に影響を及ぼし事故につながるかもしれないとして禁止されています。搭乗すると必ず電源を切るようにアナウンスされます。添乗員の指示に従わないと搭乗拒否されることがあります。航空機内における安全阻害行為などの禁止・処罰規定を定めた改正航空法が平成16年1月15日から施行され、平成23年4月1日に一部改正されました。なお平成26年に制限が一部緩和され、電波を発しない状態の機器（ディジタルカメラ、機内モードに設定したスマートフォンやタブレット）の使用が認められることになりました。なお緩和の状況は航空会社や飛行機の種類に依るので、搭乗時のアナウンスに従いましょう。

5.3 携帯電話やスマートフォンに関する法律

道路交通法第 4 章第 1 節第 71 条 5 の 5

自動車又は原動機付自転車（以下この号において「自動車等」という。）を運転する場合においては、当該自動車等が停止しているときを除き、携帯電話用装置、自動車電話用装置その他の無線通話装置（その全部又は一部を手で保持しなければ送信及び受信のいずれをも行うことができないものに限る。第 120 条第 1 項第 11 号において「無線通話装置」という。）を通話（傷病者の救護又は公共の安全の維持のため当該自動車等の走行中に緊急やむを得ずに行うものを除く。第 120 条第 1 項第 11 号において同じ。）のために使用し、又は当該自動車等に取り付けられ若しくは持ち込まれた画像表示用装置（道路運送車両法第 41 条第 16 号若しくは第 17 号又は第 44 条第 11 号に規定する装置であるものを除く。）に表示された画像を注視しないこと。

航空機の運航の安全に支障を及ぼすおそれのある電子機器等を定める告示

（航空法第 73 条 航空法施行規則第 164 条の 14 第 4 項関連）

航空機の運航の安全に支障を及ぼすおそれがある携帯電話その他の電子機器であって国土交通大臣が告示で定めるものを正当な理由なく作動させる行為

○ 出発時、全ての乗降口が閉められたとき〜着陸後、乗降口のいずれかが開かれるまで、作動させてはならない電子機器

次に掲げる物件であって、作動時に電波を発射する状態にあるもの（携帯電話、PHS PHS、トランシーバー、無線操縦玩具、ヘッドホン、イヤホン、マイク、パーソナルコンピュータ及び携帯情報端末）

○ 離着陸時のみ作動させてはならない電子機器

前項の（ ）内の物件であって作動時に電波を発射しない状態にあるもの、テレビ受像機、ラジオ、ポケットベル、ビデオカメラ、ビデオプレーヤー、DVD プレーヤー、ディジタルカメラ、カセットプレーヤー、ディジタルオーディオ機器、ワードプロセッサー、電子手帳、電子辞書、電卓、電子ゲーム機、プリンター及び電気かみそり

※ただし、無線 LAN 装備のある航空機内において、パーソナルコンピュータ及び携帯情報端末から当該無線 LAN システムに接続して使う場合は、離着陸時を除き作動させることができる。

(c) 病院内での携帯電話使用

病院内での携帯電話の使用は、携帯電話が発する電波が病院内の機器に影響を及ぼすかもしれないとされ、原則禁止されてきました。しかし、技術の進歩により影響範囲が限定的であると判断されたことから、平成 26 年にガイドラインが改訂され、手術室など特に精密な機器がある場所を除き、メールや Web 閲覧など利用できることが望ましいとされました。使用が許可されるエリアは病院毎に異なるので、確認の上、使用しましょう。なお、音声通話は周りの迷惑になることがあります。

(d) その他の公共の場所での携帯電話使用

- 電車内ではマナーモード、優先席付近では電源 OFF のアナウンスがあります[5]。
- 駅構内での歩きスマホは自制しましょう。人の流れを乱してしまうため、他の歩行者にぶつかったりホームから転落したりする事故が多発しています。
- 映画館や劇場では静かに鑑賞する場であるので電源 OFF にしましょう。
- 授業中や試験中は電源 OFF またはマナーモードにして通話などをしないようにしましょう。マナーモードにしていても、机の上に直に置くと振動で凄い音がする場合があります。試験では、マナーモードにしていても鳴動しただけでカンニングと見なされてしまう場合もあります。

5.4 情報セキュリティポリシー

大学や企業などの組織では、「情報セキュリティポリシー」を制定しています。これは、組織に所属する個人レベルの情報セキュリティの強化ばかりでなく、組織全体の存続の観点から、情報セキュリティ絡みのダメージを最小限に食い止めることを目的としています。情報セキュリティポリシーでは、法律で違法とされている行為を禁止するだけでなく、組織独自の様々なルールを定めています。

---

[5] 携帯電話が発する電波（電源が ON であれば発信している）が人間の身体に及ぼす影響はないとされていますが、まだ不明な部分が多く、身体に埋め込まれたペースメーカなどの精密機器への影響も不明であるため、注意喚起のアナウンスがなされています。

5.5 演習問題

練習 1. 下記の行為は正しい行為だと思いますか？答えは前提条件や状況によって変わるかもしれません。どのような前提でその答えを導いたのかなどを整理しましょう。

(1) ソフトウェアのマニュアルを友人から借りてコピーした。

(2) 自分でライセンスを持っているソフトウェアを、障害時に備えて USB メモリにコピーした。

(3) あなたは自宅で勉強するために、大学がライセンスを持っているソフトウェアを USB メモリにコピーし、自分のパソコンにインストールした。

(4) シェアウェアをインターネットからダウンロードし、一定期間試用した。自分の用途に合っていたので、使用料を支払って継続使用した。

(5) ある Web ページに気に入った画像があったので、その画像を自分のコンピュータに保存した。

(6) 本屋で大好きな作家の新刊が発売されていた。ビニールカバーや紐で綴じられていなかったので、最初から最後まで立ち読みした。

練習 2. 著作権について、ソフトウェアと映画・音楽などの商業コンテンツの違いに着目して自分の考えをまとめてみましょう。

練習 3. 平成 22 年の著作権の改正で (2-2) として示した「私的使用目的の複製に係る権利制限規定の範囲の見直し」について、

 (a) 違法であることを知らずにダウンロードする行為

 (b) YouTube などにアップロードされた動画を視聴する行為

はどのように解釈されるか考えてみましょう。

練習 4. 自分が作成したソフトウェアが著作権法の保護を受けられるようにするためには何をしたらよいでしょうか？

練習 5. ネットワークを利用する場合、不正アクセス禁止法で禁止されている行為は下記のどれでしょうか。理由についても考えてみましょう。

1. 他人の ID とパスワードを、本人の許可なく、その利用方法を知っている第三者に教えること
2. 本人の了解を得ることなく、他人のメールアドレスを第三者に教えること
3. 本人の了解を得ることなく、(不正に) 他人のメールアドレスを入手すること
4. 他人のパソコン操作を盗み見るなどして、他人の ID とパスワードを入手すること

練習 6. ひとつのソフトウェアを学内で構築したネットワーク上のサーバに搭載し、同時に多数のパソコンで使用することは著作権法上 問題があるでしょうか？

練習 7. P2P ファイル共有ネットワークでのダウンロードは、著作権法上どのように解釈されることになるでしょうか。これは私的利用といえるでしょうか。（ダウンロードされたファイルは自動的に公開対象となります。）

練習 8. 著作権者の了解を得ずに次の行為を行ったとします。著作権法に照らしたとき適法な行為はどれでしょうか。その理由についても考えてみましょう。
1. 購入した CD の楽曲を自分のパソコンにコピーし、パソコンで毎日聴いている
2. 購入した CD の楽曲を自分の Web ページからダウンロードできるようにしている
3. 自社製品に関する記事が掲載された雑誌のコピーを顧客に配布している
4. 録画したテレビドラマを動画共有サイトにアップロードしている
5. レンタルショップで借りた DVD をコピーし、映画仲間に配付している

練習 9. 「オープンソースソフトウェア」の特徴を 3 つ挙げてみましょう。

練習 10. 新製品の開発に当たって生み出される様々な成果のうち、著作権法による保護の対象となるものは下記のどれでしょうか。理由についても考えてみましょう。
1. 機能を実現するために考え出された独創的な発明
2. 機能を実現するために必要なソフトウェアとして作成されたプログラム
3. 新製品の形状、模様、色彩など、斬新な発想で創作されたデザイン
4. 新製品発表に向けて考え出された新製品のトレードマーク

練習 11. 数学的なアルゴリズムや、誰が考えても同じようになるアルゴリズムに基づいてプログラムを作成した場合でも著作物といえるでしょうか？

練習 12. 以下の業務とプライベートとの線引き[6] について、どのようなルールを作るのが適切だと思いますか？社員／会社それぞれの立場から考えてみましょう。
- 会社の電話を使って、業務に関係のないプライベートな電話をかける。
- 会社のパソコンを使って、会社の自分のメールアドレスから、業務に関係のないプライベートなメールを送信する。
- 会社のパソコンを使って、業務に関係のない Web ページを閲覧する。
- 会社のパソコンを使って、業務に関係のないこと（ゲームなど）をしている。

---

[6] 最近は、私物のスマートフォンやタブレットを、会社に持ってきて業務に使用することを奨励する BYOD (Bring Your Own Devices) という動きもあり、業務とプライベートの線引きがますます難しくなっています。

第 6 章

インターネットにおける脅威

6.1 脅威が生み出される背景

情報関連の規則や法律がいくつもあるにもかかわらず、インターネットには多くの脅威があります。これは、技術の進歩に法の整備が追いついていないという側面もありますが、インターネットでは犯罪行為の結果や行為自体を隠しやすいという性質があるからだとも考えられます。表 6.1 に、インターネットの性質をあげてみました。

表 6.1 インターネットの性質

性質	良い面	悪い面
世界的規模かつ1対1〜多対多通信	少ない時間で手軽に情報を入手できる。	情報漏洩、迷惑行為・犯罪行為に遭遇する危険性も高まる。
匿名性	意見を発信しやすい。	発信情報の責任所在や信頼性が不確かになる。現実世界では行わない行動をとる可能性が高まる。
複製可能性	情報の転送転記が容易。	著作権侵害につながりやすい。
時間的・空間的な制約が無い	情報は半永久的に存在する。物理的な隔たりや障害がない。	情報を削除することが極めて困難。

残念ながらインターネットの世界には、（コンピュータを）操作している人間の素性がわかりにくくなることをいいことに悪事を行なう人が少なからず存在しています。これは上記のようなインターネットの性質に加えて、「バレなければ何をやってもかまわない」というモラル（倫理感覚）の低さを露呈しているといえるでしょう。

6.2 コンピュータ犯罪（ハイテク犯罪）

コンピュータ犯罪とは、「コンピュータが直接的あるいは間接的に何らかの形で介在した社会悪行為」（通産省）と定義されています。1997年6月に開催されたデンヴァー・サミットでは、「コンピュータ技術及び電気通信技術を悪用した犯罪」（ハイテク犯罪）という言葉が使われました。これはコンピュータ犯罪とネットワーク犯罪を包括したものです。

図 6.2.1 に、悪意のあるユーザの手口とそれによってもたらされる被害についてまとめてみました。

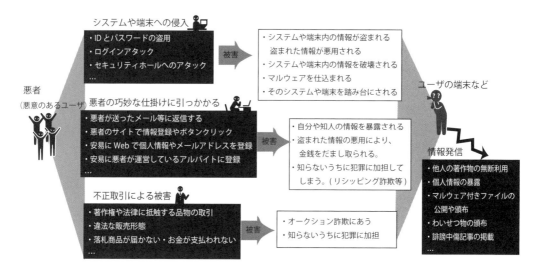

図 6.2.1 コンピュータ犯罪の構造

ハイテク犯罪の例としては以下のようなものがあります。

- ウィルスに感染したファイルを送りつけて、コンピュータを正常に使用できない状態にした（コンピュータウィルス、器物損壊罪）
- 電子掲示板を利用し、覚せい剤の等の違法な物品を販売した
- コンピュータネットワーク上で他人のパスワードを使用し、その者になりすまして虚偽広告を掲示し、販売代金を騙し取った（なりすまし、偽称罪）
- インターネットに接続されたサーバにわいせつな映像を置き、これを不特定多数に対して閲覧させた
- ネットワークを通じて各国の国防、治安等をはじめとする各種分野のコンピュータに侵入し、データを破壊、改ざんするなどの手段で機能不全に陥れた（サイバーテロ）
- マンガ本をスキャナで取り込み不特定多数に閲覧させたり、映画や市販 DVD コンテンツをコピーし友人に与えたりした（著作権侵害）

6.3 マルウェア

コンピュータウィルスやスパイウェアなどの悪事を働くソフトウェアのことを総称して**マルウェア**（malicious software）と呼びます。マルウェアはパソコンだけにあるのではありません。最近はスマートフォンをターゲットにしたマルウェアも登場しています。

初期のマルウェアは、画面にいたずらをするなど愉快犯的なものが多かったのですが、現在のものは明確な意図を持って作成されているものが多くなっています。**ボットウィルス**と呼ばれるタイプのウィルスに感染すると、あなたのパソコンが外部から勝手に操作されてしまい、他所のコンピュータへの攻撃の拠点にされてしまいます。こういったマルウェアはなるべく見つからないように振る舞うので、パソコンに侵入されても利用者が気付くことは稀です。マルウェアの発見と除去には、専用の対策ソフトウェアを利用するしかありません。なお、ウィルスを作成することはもちろんのこと、所持することも犯罪です（情報処理の高度化等に対処するための刑法等の一部を改正する法律）。

6.3.1 コンピュータウィルス

コンピュータウィルスとは、本来は他のソフトウェアに寄生して増殖活動をするものをいい、単体で他のコンピュータへの感染活動ができるものはワームと呼ばれます。しかし最近では複数の感染方法をもつことが多く、こういった昔ながらの分類が難しくなっています。ここでも厳密には区別しないで単にウィルスと書きます。

ウィルスもソフトウェアなので、原理的には、ウィルスに感染したファイルがあってもそれを実行しなければ活動しません。ウィルスは実行されることで、さらに他のプログラムに感染したり、ファイル共有機能を利用したり、電子メールを勝手に発信したりして自分自身の複製を作成します。

ウィルスは非常に巧妙な手段を用いて、自分自身が実行される機会をうかがっています。思わずダブルクリックしたくなるファイル名をつけるのは単純なほうです。画像ファイルやOfficeドキュメントのようなデータファイルであっても、アプリケーションやシステムのセキュリティホールによって、データファイルの内部に潜んでいるウィルスプログラムが実行されてしまうことがあります。ウィルスを誤って実行しないためには、セキュリティソフトウェアやアプリケーションのアップデートを必ず行ない、最新の状態にしておくことが大事です。

6.3.2 スパイウェア

スパイウェアの目的はユーザの個人情報を盗むことです。コンピュータウィルスと同様に、様々な経路でユーザのパソコンに入り込みますが、一般に自己増殖の機能は持たないことから、コンピュータウィルスとは区別されています。どのようなWebページを閲覧しているか、どのような音楽を聴いているのかといったユーザの嗜好に関する情報を収集するものから、オンラインバンキングの暗証番号やネット通販で使用したクレジットカード番号を盗むような悪質

なものまで様々です。収集された内容は、インターネット上の秘密の掲示板に送信されたり、ファイル共有機能を利用して公開されたりします。

なおソフトウェアの中には、サービスを提供する上で、個人情報や履歴情報を収集することを明記しているものもあります。行なっていることはスパイウェアと本質的には変わらないのですが、ユーザに許可を得ていることから、これらは一応スパイウェアとは区別されています。

6.3.3 マルウェアの感染経路

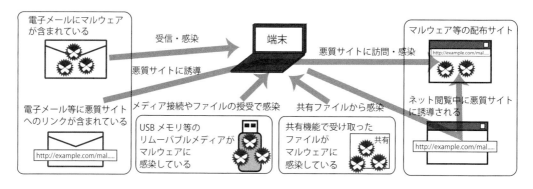

図 6.3.2 マルウェアの感染経路

(a) **電子メールの添付ファイル**—— 単体で活動できるウィルスが添付されている場合もあるし、送られてきたデータがウィルスに感染している場合もあります。メール自身にはウィルスが添付されていなくても、ウィルスをダウンロードさせる Web サイトに誘導するケースもあります。

(b) **Web サイトからのダウンロード**—— Web サイト上に公開されているソフトウェアがウィルスに感染していることもあります。きちんとウィルスチェックを行なっているソフトウェア配布サイトを利用し、怪しげなところからはダウンロードしないことが賢明です。Web サイトを見ているときに、「ウィルス診断を行ないますか？」と尋ね、自称 "診断ソフトウェア"（実はウィルス）をダウンロードさせる手口もあります。また、いきなり「感染が確認されました。」と表示してユーザを脅かし、自称 "ウィルス対策ソフト"（実はウィルス）をダウンロードさせる手口もあります。

(c) **Web サイトからの感染**—— セキュリティホールのある Web ブラウザを使用すると、悪意のある Web サイトを閲覧しただけで、ウィルスの侵入を許すことがあります。利用者の明示的な操作なしに感染するので、セキュリティパッチの適用やウィルス対策ソフトを利用する以外に感染を防ぐ方法はありません。

(d) **Windows ファイル共有/P2P ファイル共有**—— ファイル共有機能を利用すると、他のパソコンにファイルを渡すことが簡単にできます。ウィルスも当然この仕組みを悪用します。P2P ファイル共有システムでは、誰がファイルを公開したのかが判りにくいため、ファイルがウィルスに感染している確率が高いといわれています。

(e) **USB メモリ経由**—— ウィルスに感染したパソコンに USB メモリを挿すと、USB メモリ上のファイルがウィルスに感染することがあります。USB メモリは、ネットワークに接続していないパソコンへの感染経路となりうる点に注意が必要です。ウィルス感染しないように、と思ってパソコンをネットワークから切り離しておいたのに、実はウィルス感染の拠点になっていた、などということも起こりえます。

6.4 フィッシング詐欺

フィッシング（Phishing）[1]とは、電子メールなどにより巧妙に Web ページに誘導し、利用者からパスワードやクレジットカード番号などの機密情報を盗みとる犯罪です。最終的には、それらの情報を利用して金銭をだまし取ることが多いようです。

実在の企業からのメールにしか見えないように偽装された電子メールで、本物そっくりのニセのページに誘導します。例えば、カード会社などを装った安易な Web 登録要請はそれに当たります。ニセのページでは、本人確認と称して、パスワードやクレジットカード番号などを入力させます。これらの機密情報を手に入れた犯人は、あなたになりすまして次のネット犯罪の足がかりにします。複数の情報サービスで同じパスワードを使い回している場合には、ここで手に入れた機密情報をもとに他の情報サービスの乗っ取りも可能になります。

6.5 オークション詐欺

オークション関連のトラブルとしてすぐ思いつくのは、落札した品物が来ない、品物を送ったのに代金が支払われないといった、**オークション詐欺**でしょう。しかしもっと手の込んだ詐欺もあります。巧妙な仕掛けによる犯罪では、知らないうちに犯罪に加担していることもあります。

6.5.1 ペニーオークション詐欺

ペニーオークションとは、毎回の入札毎に少額の手数料を必要とするオークションで、入札手数料オークションとも呼ばれます。入札手数料は、最終的に落札できたか否かに関わらず、支払う必要があります。高額商品の入札開始額が数円と非常に低い額からスタートしますが、落札するまでに何度も入札する必要があり、落札金額は低額でも、支払わなければいけない入札手数料込みの金額はかえって高額になってしまうことがあります。

ペニーオークション詐欺では、システムに細工がしてあり、オークション参加者が入札してもプログラム（架空会員）が数円高い金額を自動的に入札するため、参加者は決して落札できません。つまりオークション参加者は、商品を決して手にすることはなく、入札手数料だけをだまし取られることになります。

---

[1] 釣りを意味する「fishing」が語源です。やり方が洗練されている (sophisticated) ということから「phishing」と綴るようになったといわれています。

6.5.2 リシッピング詐欺

リシッピング詐欺とは、不正に取得した商品を転売することで現金化する手口のひとつで、2009年頃から広まりました。犯罪者は、不正に入手したクレジットカード情報を用いて、通販などで高額な商品を購入します。商品は、犯罪者本人ではなく転送者が受け取ります。転送者は、商品を転売し現金化する役割の人物に商品を転送（リシッピング）します。

リシッピング詐欺では、現金化にあたって一般人を巻き込むところに特徴があります。「転送するだけで10万円のアルバイト募集」や「送られてきた商品を指定場所に転送する通信担当者募集、月給30万円委細相談」などといった甘言で転送者を募集します。報酬は支払われるため転送者には金銭的な被害はありませんが、気付くことなくネット犯罪の片棒を担がされているのです。運良く犯罪であることに気付き、その仕事から抜けたいと申し出ると、今度は「あなたはすでに犯罪に加担している。あなたの所属している会社や家族に知られたくなかったら10万円を支払え。」と脅され、金銭的な被害を受けることもあります。

6.6 アカウント乗っ取り詐欺

弱いパスワードのついたLINEアカウントを乗っ取り、友達登録された「知人ユーザ」に対して、コンビニ等での電子マネーの代理購入を持ちかける詐欺が発生しています。犯人は、「電子マネーを急いで購入しなければならないが、お金が足りない。後で必ず代金を払うから購入を手伝って欲しい。電子マネーを購入したら、その後電子マネーのカードの裏に記載されている番号をカメラで撮影して送信して。」といった依頼をします。

購入依頼のメッセージを受け取った知人は、友達のLINEアカウントからのメッセージであることから、依頼内容を信用してしまいがちです。犯人は当然代金を支払いません。アカウントを乗っ取られた人も被害者ですが、金銭的被害を受けるのは電子マネーを購入した知人です。

6.7 ネズミ講

ネズミ講は正式には無限連鎖講といい、下位の会員から徴収したお金を上位の会員に分配することで、会員は徴収された金額以上の配当が得られる、とするシステムのことです。このシステムが成立するためには連鎖が無限に続くことが必要です。しかし「無限に続く」ことはあり得ないので、システム全体としては必ず破綻する（ほとんどの会員は徴収された金額以上の配当は得られない）ことになります。被害者が爆発的に増加する危険性があるため、「無限連鎖講の防止に関する法律」によって、厳しい罰則が規定されています。（無限連鎖講を開設し、又は運営した者は、3年以下の懲役若しくは300万円以下の罰金。加入することを勧誘しただけで20万円以下の罰金。）

第 7 章

被害者／加害者にならないために

7.1　4 種類の対策

様々なインターネット上の脅威から身を守るには、4 つの観点からの対策が必要です。

技術的対策

脅威のある部分は、使用するハードウェアを適切に選ぶ、ソフトウェアの設定を適切に行う、防御用のソフトウェアを使うなど、技術的に防御することができます。具体的には例えば以下のようなものです。

(a)　暗号化機能をもつ USB メモリを使う

(b)　コンピュータウィルス対策ソフトウェアを使う

(c)　脆弱性のあるソフトウェアを使わない（アップデートを行う）

(d)　グループウェア等で公開範囲を適切に設定する

(e)　ファイアウォール機能のある機器を導入する

確実に一定の効果が得られるので、必ず行うようにしましょう。

思考的対策

思考的対策とは、自分が置かれた状況を正しく判断し、脅威を避ける行動につなげることです。思考的対策のためには、物事や情報を客観的・批判的[1] に解釈するクリティカルシンキング（critical thinking）を身につけることが必要です。これにより「私だけは大丈夫」という根拠のない自信による「思考停止」に陥るのを防ぐことができます。例えば、次のようなことに気を配る癖を付けましょう。

(a)　提示された情報が信用できるかどうか、別経路で確認をする

(b)　なぜこんなにうまい話が自分に持ちかけられているのか、背景を確認する

(c)　記入した個人情報はどこで使われるのか、悪用されたら最悪の場合どのようなことが起こるか想像する

情報セキュリティポリシーの項目がどういう脅威を想定して作られているのか考えることが、クリティカルシンキングを身につける早道かもしれません。

---

[1]　「批判的」というのは、情報をいつも疑ってかかるという意味ではなく、情報を分析・吟味し、論理的に取捨選択し、どのような結果が導かれうるかなど、総合的に考えてみる、ということです。

心的対策

ちょっと考えれば「何か問題がある」と判るはずなのに、「誰がやったのかどうせ判らないだろう」と思ったり、仲間ウケを優先してしまったりして、違法行為や迷惑行為を行ってしまうことはないでしょうか。あるいは、ちょっと非難めいたことを言われたのに対して、頭の中が真っ白になって感情的に発言してしまうことはないでしょうか。

これらは、自分の倫理感をしっかり養い、落ち着いて行動することで解決できる問題です。しかし、4つの対策のうちで最も習得に時間がかかるものでもあります。

関連情報の確認

技術的対策や思考的対策を行うためには、どのような脅威があるのか、法律ではどのような行為が禁止されているのか、組織の情報セキュリティポリシーはどうなっているのか（なぜその項目があるのか）などに関する知識が必要です。これまでの生活の中で培った自分の倫理感との関係を考えてみることで、思考的対策の拠り所を明確にすることができるでしょう。また、万一トラブルに巻き込まれたときには、一人で解決しようとすると、かえって事態を悪化させることがあります。どこに相談したらよいのか確認しておきましょう。

7.2 マルウェア対策

コンピュータウィルスやスパイウェアは、気づかれないように感染し、活動するように設計されています。そのため、技術的対策なしで（利用者の注意力だけで）感染を防止することはまず不可能です。

マルウェアの感染防止や削除のためには、ウィルス対策ソフトウェアを必ず利用しましょう。コンピュータのメモリ上に常駐し、マルウェアがファイルを書き換えようとする動きを監視し、感染を未然に防止します。多くのウィルス対策ソフトは、それまでに発見された「既知のマルウェア」の手がかりをパターンファイルとして持っており、そのパターンにマッチするものがパソコン内にないかスキャンします。そのため新種のウィルスには対応できないこともあります。セキュリティ対策ソフトを単にインストールして安心するのではなく、パターンファイルを常に最新に保つことが重要です。

コンピュータウィルスへの対策は、(1) 予防、(2) 監視、(3) 発生後の対処の3つに分類できます。万一ウィルスに感染し発病してしまった場合には、失われたデータの回復は非常に困難になることがあります。

(1) 予防

(a) 疑わしいソフトは利用しない。例えば、見知らぬ人からのメールの添付ファイルは開かない。

(b) メールの添付ファイルやダウンロードファイルは開封または使用前にウィルスチェックする。

(c) ウィルス対策ソフトのパターンファイルの更新時刻と期限切れをチェックする。

(d) OSなどのセキュリティホールに対してチェックし、セキュリティパッチを当てる（Windows Updateなど）。

(e) 万一データが失われても回復できるように普段からバックアップをとっておく。

(f) 緊急起動用のシステムディスクを作成しておく。

(2) 監視

(a) ウィルス対策ソフトウェアなどを使って定期的にチェックする。

(b) Webブラウザ等、各アプリケーションが持っているセキュリティ機能を活用する。

(c) 感染の兆候を見逃さない（正常時の動きを知っておく）。
  1. （大きさが変わらないはずの）ファイルの大きさが変化している。
  2. 身に覚えのないファイルが勝手にできている。
  3. 何もしてないのに、ファイルが壊れたり、なくなったりする。
  4. 空きメモリが異常に減少している（メモリ常駐型のウィルスの場合）。
  5. 処理速度が異常に低下する。

(3) 発生後

ウィルスに感染したシステムが見つかった場合、ウィルスを完全に撲滅するのは非常に難しい。

(a) バックアップをとっていなければ、まず、残っているデータのバックアップをとる。

(b) （バックアップも含めて）CD-R,USBメモリなどのすべてのメディアに「感染の疑いあり」マークを付ける。

(c) 感染していないシステムディスクでシステムを起動し、汚染されていないことが確実なウィルス対策ソフトウェアを実行する。（感染したシステムにインストールされているウィルス対策ソフトウェアは、それ自身が感染していることもあるので信用できない。）

(d) このシステム上で、一つ一つのメディアに対して、ウィルスチェックを行ない除去する。チェック済みのメディアには「チェック済み」のマークをつける。このとき、チェック済みのメディアは、未チェックのメディアから完全に分離しておく。またチェック済みでないメディア上のソフトウェアは絶対に実行してはならない。

なお、ウィルス被害はあなたの周りの人にも及んでいる可能性が高いので、周囲の人にも連絡する。情報処理振興事業協会（IPA）に被害届を出すことが望ましい。学内であれば情報セキュリティポリシーで定められたインシデント対応手順に従って届け出ること。

7.3 情報発信をするときの注意事項

インターネットに情報発信をする方法には、Web サイト、掲示板、ブログ、Twitter など、様々な方法があります。情報発信ができるということは、個人が商業メディアと対等な立場に立てるということを意味します。しかし同時に、商業メディアと同等の責任も生じています。

(a) **世界中に公開されていることを意識しましょう。**

特に Twitter や SNS などでは友達機能があるために、自分が発信した情報が仲間内だけに送られていると思い込んでいる人がいます。きちんと設定をしないと、友達の友達にも見えていたり、全世界からアクセス可能になっていたりします。

(b) **誤解されにくい表現を工夫しましょう。**

文字だけのコミュニケーションでは、書いた人の意図よりもキツい表現になりがちで、ケンカ腰に取られることがあります。違ったニュアンスで受け取られる恐れがないか、送信前に落ち着いて見直しましょう。

掲示板など、不特定多数に読まれる場所で情報発信をする場合には、特に誤解されないような書き方をする必要があります。必ずしも自分と同じ知識・背景を持っているとは限らないので、背景を詳しめに説明したり、一部の人の間のみで通用するような省略語・俗語などは使わないようにしましょう。

(c) **著作権の侵害に気をつけましょう。**

自ら作成した（または誰かに作ってもらった）Web ページでの肖像権侵害や著作権侵害を回避するためには、著作権侵害の恐れがあるコンテンツを載せないということが一番です。どうしても載せたいということであれば「利用許諾やライセンスを得る」必要があります。

1. 自分の著作した物

   自分が著作権を保有しているものは自由に公開することができます。学術論文などの場合は、学会に著作権を譲渡している[2]のが普通です。この場合、著作権者は学会なので、著者といえども勝手に公開することはできません。Web 上で公開するときには、著作権者である学会の許諾を得なければなりません[3]。

2. 人物写真等の公開

   自分が撮った写真の著作権は自分にありますが、その写真に複数の人物が写っている場合には、その人たちの肖像権の侵害とされることがあります。これを確実に避けるためには、写っている人全員に了解をもらう必要があります。特に、有名人と呼ばれている人が写った写真を載せる場合には注意が必要です。

3. 著作物の使用

   他人が著作権を保有している画像などを Web 上で利用する場合には、著作権者の許諾を得ておく必要があります。特にキャラクターの利用には注意が必要です。

---

[2] 学会の Copyright Transfer Form に署名している場合は学会に権利が譲渡されています。
[3] 学会毎にガイドラインを制定していることが多いので確認しましょう。

(d) 書き込んだ内容は半永久的に残ります。

現実世界ならば「勢い余って言いすぎてしまった」で済むことが、ネット上では文字として永遠に残るために、いつまでも尾をひき、なかなか炎上が鎮静化しないことがあります。自分の書き込みを単に削除すればいいと思うかもしれませんが、一度誰かにコピー・引用されたら、ネット上から削除することはまず不可能です。

(e) 匿名のように見えても意外と本人特定は可能です。

ネットでは実名を出さずに交流ができる場合が多いので、なんとなく匿名ぽい感じがしてしまいますが、警察が調べればサービス事業者のアクセスログから絞り込むことは可能です。また、書き込まれた内容からも意外と特定できるものです。特に身近な人が見れば、誰が書き込んだのか判ることが多いようです。

(f) 他人や他組織を誹謗中傷しないようにしましょう。

不特定多数が目にする場所では、誹謗中傷記事を書かないようにしましょう。誰かを非難したい場合には、本人に対して直接指摘するべきです。公の場での誹謗中傷は、それが事実であるかどうかにかかわらず、名誉毀損で訴えられる恐れがあります。

7.4 犯罪の入り口となる電子メールに気をつけよう

どこでメールアドレスを手に入れたのか、見知らぬところからメールが送られてくることがあります。稀に有用な情報が手に入ることもありますが、大抵は無用な広告メールです。中にはウィルスが添付されたメールや犯罪の入り口となる危険なメールがあります。

ウィルスが添付されたメールは、ウィルス対策ソフトをインストールしていれば大抵のものは除去されます。受信者が目視で判別するのは困難です。知人が添付した文書ファイルがウィルスに感染していることがあるので、差出人が見知らぬ人からとは限らないのです。

迷惑メールの中には、Web サイトへのリンクが含まれているものも多くあります。単に通販目的のサイトならまだいいのですが、ウィルスに感染させるサイトだったり、フィッシングサイトの危険性もあります。心当たりのないメールは、どんなに興味をそそられる内容でもリンクをクリックしたり、返信したりせず、削除するようにしましょう。

なお、迷惑メールの中には、「配送を止めて欲しい場合にはこちらにメールでご連絡を」という記述がある場合があります。**ここに連絡してはいけません。**ここにメールを送ることは「このメールアドレスは活きていて、人が読んでいる」ことを相手に伝えてしまうことになり、さらに多くの迷惑メールが送られてくることがあります。

7.5 ネットショッピングとネットオークション

ネットショッピングやネットオークションでは、金銭が絡むトラブルが多くなります。最悪の展開になったときに被害がどの程度になるか想定した上で、リスクを理解して利用するようにしましょう。

多くの通販サイトには、参加者が商品や出品者に対する評価やコメントを残せる機能を提供しています。一見「客観的な評価」のような錯覚に陥りがちですが、これらはあくまでも「主観的な評価の集合」です。これらの商品紹介やコメントについては、参考程度にとどめることが重要です。

ブログの口コミなどにも同じ問題があります。企業等から対価を受け取って、その企業とは一見独立なブログでその企業の製品の良い評価を発信することが行われています。これは、宣伝と気づかれないように宣伝する手法であり、ステルスマーケティングと呼ばれます。

7.5.1 ネットショッピング

ネットショッピングを利用するときには、以下のような点に気をつけましょう。

(a) 信頼できるサイトであるかどうか確認する。

信頼できないサイトの場合には、例えばクレジットカード番号を教えることには大きな問題があるかもしれません。

特に大手の通販サイトでない場合には、価格（送料）、支払い方法、商品に引渡し時期、返品・交換の可否、販売業者の名称、住所などの連絡先がしっかり書かれているか、また、他のブログに「被害に遭った」記事がないかどうか、事前に確認しましょう。

品物搬送や金銭収受を通販サイトと直接行うことに不安が残る場合には、有名サイトが推奨するエスクローサービス[4]などの利用も検討しましょう。

(b) 暗号通信に対応しているか確認する。

個人情報やクレジット番号を入力する画面では、暗号通信を用いているか確認しましょう。暗号通信を使用しているサイトでは、URLが「http://...」ではなく「https://...」のようになっています[5]。Webブラウザの画面上では、錠が閉じているマークが表示されています。

httpsに対応しているサーバの場合には必ず「サーバ証明書」があるので、これをチェックすることも通販サイトの信頼性の一つの目安になります。

(c) 売買の記録を保存する。

あとでトラブルが生じた場合の証拠となるので、取引条件、注文内容、確認メールなどは、少なくとも売買が完全に終了するまではきちんと保存しておきましょう。

---

[4] 物品などを売買する際に取引の安全性を保証するため、売買の当事者以外の第三者が決済を仲介する仲介サービスのことです。

[5] HTTP, HTTPS はWebの通信に用いられるプロトコルのことです。詳しくは11.6節をご覧ください。

7.5.2 ネットオークション

出品者として参加するときには以下の点に気をつけましょう。

(a) 信頼性の高いサイトに出品しましょう。
(b) サイトのガイドラインや規約を把握しましょう。例えば、オークションに出品してはいけないものがあります。
(c) 商品説明をきちんと行い、質問にも誠実に対応しましょう。
(d) 商品を発送したのに代金が支払われないといったトラブルが考えられます。落札者との代金の支払方法や商品の引渡し方法などをしっかりと伝えましょう。

入札者として参加するときには以下の点に気をつけましょう。

(a) サイトの評価をチェックしましょう。
(b) サイトのガイドラインや規約を把握しましょう。
(c) 出品者の評価（出品の仕方）をチェックしましょう。例えば、連絡先としてフリーのメールアドレスしかない、出品物の画像がない（または出来合いの画像を使っている）、質問に誠実に対処してくれない、といった出品者には気を付ける必要がありそうです。
(d) 商品購入者、落札者の商品コメントを鵜呑みにしないようにしましょう。
(e) 一度入札したら、なかったことにできません。熱くなりすぎないように！
(f) 出品者との代金の支払方法や商品の引渡し方法などをしっかりと確認しましょう。代金を支払ったのに商品が届かないということがないように気をつけましょう。

7.6 クラウドサービス

クラウド上のオンラインストレージやグループウェアを利用するときには、次のような点に気をつけましょう。

(a) アクセス設定を確認する。
　　クラウドサービスは基本的にどこからでも利用できるのがメリットです。そのため、初期状態では、世界中からアクセス可能な状態になっていることがあります。クラウドサービスに書き込んだ情報が漏洩する事件が頻発しています。どこからのアクセスを許すのか、誰にアクセスを許すのか、設定を確認しましょう。
(b) データやアプリケーションが手元にないことによるリスクを理解する。
　　1　通信障害が生じた場合、仕事などに支障をきたしてしまいます。
　　2　サービスが突然終了してしまう恐れはないでしょうか。万一サービスが突然終了してしまったら、保存されていたデータが永久に失われるかもしれません。
(c) 料金体系を確認する。
　　制限付きで無料のもの、従量料金制のものなど多種多様です。従量料金制の場合には、意図せず高額になってしまうことがあります。契約書を読み、金銭的な問題が生じないようにしましょう。

(d) どの国の法律が適用されるのか把握しておく。

インターネット上のサービスは、通常サーバの設置された場所の法律が適用されます。しかしクラウドではサーバの位置がわからないので、どの国の法律が適用されるのか自明ではありません。利用者が住んでいる国の法律を適用する場合や、サービスを提供する組織の場所の国の法律を適用する場合など、契約によって様々あるようです。

(e) ロックインの危険性を理解しておく。

ロックインとは、一度利用を始めた A 社のクラウドサービスから、別の B 社に移行するのが極めて難しくなることをいいます。例えば、オンラインストレージを使い続けるうちに、保存しているデータが 10 ギガバイト以上にもなることがあります。このように大きなデータは転送するにも長い時間がかかるため、なかなか別のサービスに乗り換えることが難しくなります。

7.7 P2P ファイル共有システム

P2P ファイル共有システムは、技術的にはインターネットの性質を有効に活用した優れたシステムですが、著作権侵害や情報漏洩など様々な社会問題を引き起こしています。本当に P2P ファイル共有システムを利用する必要があるのかよく考え、どうしても使用する場合には、以下のような点に気をつけましょう。

(a) 著作権侵害に気をつける。

著作権の保持された音楽や映画、市販のソフトウェアなどの違法な交換に利用されていることがあります。そういったコンテンツを公開目的でアップロードすることはもちろんですが、承知の上でダウンロードすることも著作権違反となります。

(b) ウィルス対策を万全にする。

利用者が匿名であることから、意図的にマルウェアに感染させたファイルを公開している確率が非常に高いといわれています。ダウンロードしたファイルは、必ずウィルス対策ソフトでチェックしましょう。画像ファイルのアイコンがついている実行ファイルを作ることは簡単なので、ファイルの見かけで実行ファイルか否かを判断するのは危険です。

(c) 情報漏洩に気をつける。

公開フォルダの設定が不適切だと、意図しないファイルが共有されてしまいます。一旦流出した情報を完全に回収することは非常に困難です。Antinny（アンティニー）などのある種のマルウェアに感染すると、公開フォルダの設定が勝手に変更され、パソコン内のすべてのファイルと、画面のスクリーンショットなどが公開されてしまいます。

(d) ネットワークの使用量に留意する。

参加者のパソコンがファイルサーバとなり、全世界からアクセスがくるようになるので、ネットワーク負荷が高くなる傾向があります。これが組織内での他のネットワークアプリケーションを利用する妨げになる可能性があります。適切な帯域制限を行いましょう。

7.8　インターネットカフェ

　インターネットカフェとは、インターネットに接続できるパソコンを備えている施設のことです。マンガ喫茶やアミューズメント施設に併設されていることが多いようです。就職活動などでなじみのない地域を訪問したときなどに、時間調整などを目的として比較的安価に滞在する場所としても利用できます。

(a) 荷物の盗難に気をつける

　　個室形態になっている場所では、ちょっと席を離れた隙に荷物が盗まれることがあります。

(b) USB メモリは使用しない

　　ネットカフェのパソコンは不特定多数の人が利用するため、ウィルスに感染している恐れがあり、不用意に USB メモリを使うと感染することがあります。ウィルス対策機能付きの USB メモリを使えば、被害を少なくすることができます。

(c) 周りからの覗き見にも注意する

　　個室ではなく、オープンな場所でのパソコン利用では、隣や後ろから画面を盗み見られる危険性があります。

(d) 有害情報の閲覧や違法行為を行わない

　　匿名であることで、自宅のパソコンなどでは閲覧を憚れるような Web ページを閲覧したり、掲示板などに非倫理的な書き込みを行ったりする人が少なからずいるようです。2005 年頃から問題が顕在化し、身分証明書の提示などが求められるようになりました。

(e) ユーザ ID やパスワードの入力が必要な Web サイトにはアクセスしない

　　本体とキーボードの間に「キーロガー」「マウスロガー」といった機器が取り付けられていたという事例がこれまでに報告されています。これらの機器が仕掛けられていると利用者の入力がすべて記録されてしまうため、ユーザ ID とパスワードが簡単に盗まれてしまいます。

違法情報・有害情報

　インターネット上の情報には、法律に抵触する情報（違法情報）、社会通念上好ましくないと思われる情報（有害情報）があります。

　違法情報としては、名誉毀損や侮辱などに当たる誹謗中傷、わいせつに当たるチャイルドポルノ、違法物（麻薬や銃器）の販売、賭博の疑いのある広告、詐欺、悪質商法などの疑いのある広告、著作権違反となる物品の販売広告などがあります。

　有害情報としては、自殺マニュアルや自殺呼びかけサイト、残虐な暴力や性暴力などの過激な描写サイト、家出呼びかけ、犯罪方法の教示、それらに用いられる銀行口座などの販売、などがあります。

　このような情報はあたかも違法ではないかのように表現されたり、一般の人には意味が分からないように隠語を使って表現されたりしていることがあります。

7.9 公衆無線LANサービス

インターネットカフェのようにパソコンを提供するのではなく、無線LANへの接続サービスのみを提供し、利用者が自分のパソコンなどを接続できるようにするサービスもあります。携帯電話のオプション契約として、街中のアクセスポイントが利用できる場合が多いようですが、場所によっては誰でも自由に接続できることもあります。このようなサービスが利用できる場所を公衆無線LANやホットスポットなどと呼びます。

誰でも自由に接続できるとネットワークのセキュリティが確保できないので、無線LANに接続するためには接続用のパスワードを求めるように設定するのが一般的ですが、公衆無線LANの場合には、パスワード無しで接続を許す運用をしています。これらの場所では暗号化が行われていないことも多く、盗聴に対しては基本的に無防備ということになります。公衆無線LANを利用する時には、パスワードなど機密情報の入力を行わないようにしましょう。詳しくは10.7.3節で説明します。

7.10 携帯電話とスマートフォン

携帯電話やスマートフォンは急速に高機能化しており、カメラ機能やGPS機能などが当たり前のようについています。また通話していなくとも、実は携帯回線を介してインターネットに常時接続しています。使い方によって、法律や規則に触れてしまう場合、多大な被害を及ぼしてしまう場合、実害はなくとも道徳やモラルに反する場合があります。

(a) カメラの使い方に気をつける。

あまりにも気軽に撮影することができるために、カメラの使い方が問題になっています。

1. 本屋等での本や雑誌の内容をカメラで撮影すること（ディジタル万引き）は、情報の窃盗であり、著作権違反になることもあります。
2. 美術館などでは通常、撮影は禁止されています。展示されている芸術作品を撮影すると、カメラのフラッシュで作品を傷めてしまう恐れがあります。
3. イベント会場等に芸能人がくるとついつい撮影したくなると思いますが、撮影した画像を無断でネットにアップロードすると、肖像権の侵害、プライバシーの侵害、パブリシティ権の侵害になります。
4. GPS機能付きの機種の場合には、カメラで撮影した画像に撮影場所の情報（緯度経度情報）が埋め込まれていることがあります。位置情報込みのままブログなどにアップロードしたことにより、例えば自宅の場所が知られてしまいストーカー被害に遭うとか、家族全員で離れたところに長期の旅行に行っていること（＝いま自宅は留守で誰もいないこと）が知られてしまい空き巣被害に遭う、といった事例が知られています。
5. 人が倒れたり事故にあったりしたときに、人命救助もせずに、写真をとってツイートする事例が頻発しています。優先順位を間違えないようにしましょう。

(b) 紛失による情報漏洩に気をつける。

　　携帯電話には、自分の情報だけでなく、多くの友人の個人情報が記録されています。置き忘れたり盗まれたりした場合に、それらの情報が抜き出され、次の犯罪に使われる危険性があります。また、スマートフォンの場合には、パスワード入力が必要なサイトに簡単にアクセスできる専用アプリがインストールされていることが多く、悪用されると簡単になりすましができます。

　　パスワードをかけ、ログイン失敗が一定回数を超えたら全情報が消去されるよう、必ず設定をしておきましょう。

(c) 不正アプリ（マルウェア）に気をつける。

　　スマートフォンは内部の仕組みがパソコンと似ているため、パソコンと同様に様々なマルウェアが存在しています。スマートフォンのマルウェアはメール等で感染するのではなく、ダウンロードしたアプリ自体にもともと仕込まれている不正アプリであるケースがほとんどです。

　　不正アプリは、スマートフォンに格納されている様々な情報を盗みだし、外部に送信します。例えば、アドレス帳や、メッセージサービスの内容、カメラで撮影した画像、などです。スマートフォンのマイクとカメラを操作し、周囲の状況をリアルタイムで外部に流すものもあります。

　　このような不正アプリは、特にAndroid端末で多く発見されています。独立行政法人情報処理推進機構（IPA）では、スマートフォンで取るべき対策として下記の6つをあげています。

1. ファームウェアは必ずアップデートし、最新にしておく
2. 改造行為（脱獄など）を行わない
3. 信頼できる場所からのみアプリをインストールする
4. アプリをインストールする前にアクセス許可を確認する
5. セキュリティソフトウェアを導入する
6. スマートフォンは小さなパソコンと考え、パソコンと同じような意識で管理する

7.11 考えてみよう

7.11.1 出題編

ありがちな（?）状況をいくつか示します。どのような点が問題となるか、また、あなたはどのように行動するべきか、考えてみましょう。

ケース1：セキュリティ強化のメールが来た！

あなたは●□☆カードの利用者で、ときどきカード会社からダイレクトメールが送られて来ていました。そんなある日、次のようなメールが届きました。メール中のURLはhttpsになってるし、これって暗号通信を使うので安全ということだったよね…

```
From: "★★○○" <○△■@○✕.△△.space9.jp>
To: ◇◇◇◇@✕✕.□□.●○.jp
Subject: 【●□☆カード】本人認証サービス
Date: Fri. 1 Jun 2014 09:43:27 JST

こんにちは！
最近、利用者の個人情報が一部のネットショップサーバーに不正取得され、利用者の個人情報漏洩事件が起こりました。
お客様のアカウントの安全性を保つために、「●□☆カードシステム」がアップグレードされましたが、お客様はアカウントが凍結されないように直ちにご登録のうえご確認ください。

以下のページより登録を続けてください。
https://●△□.fufufu.jp/dsh/PM/logincv/login?_TRANID=XYZ00_001
```

ケース2：耳寄りな情報が飛び込んできた！

手頃なバイトがないか探していたところ、ある日、知らないところから次のようなメールが届きました。こんな方法があるなんて知らなかった！

```
From: "★★○○" <○△■@○✕.△△.■□.jp>
To: ◇◇◇◇@✕✕.□□.●○.jp
Subject: 誰でも簡単に100万円ゲット！
Date: Sun, 23 Jan  2014 07:22:56 JST

このメールを受け取ったあなただけにお知らせします。僕は、ある日ネットで1000円の投資で200万円を得たという記事を見つけました。僕もそんな うまい話があるはずがないと思ったのですが、騙されても1000円損するだけだし、
と思って、ダメもとで記事の通りにやってみました。お金がくるかどうか不安でした！ところがどうでしょう！お金が1000円ずつ入った封筒がどんどん郵便受けに入ってくるではありませんか！なんと合計170万円！この記事は本当だったのです！その後も何度か、ネット上で同様の方式の記事を見かけていますし、かなり時間が経っているのに問題が起きていません。これは法律的にも問題がないからでしょう。心配だったので、知り合いの弁護士にも確認してみましたが、間違いなく合法そのものだそうです。具体的な方法は添付ファイルに書いておりますので、すぐ見てください！これであなたも勝ち組です！
```

ケース3：すごい情報見つけた！

あちこちのWebサイトを閲覧していたら、偶然、次のような地震予知情報を見つけました。早く友達に知らせなくちゃ！

地震予知速報

総務省および地震予知・地震探索連絡会から「ハワイ諸島沖の海底火山が噴火しそれに伴い６０００km離れた活断層のある水戸地方に甚大な被害が発生する」との情報を入手しました。地震発生予測日時は以下のとおりです。

4月1日　13:00ごろ

この情報を得た皆さんは、直ちに避難の準備を行い、避難してください。
ただし、この情報は誰にも知らせてはいけません。皆さんの周りの多くの人たちに知られると交通がマヒし、逃げることができなくなるためです。
テレビや新聞などにもこの情報を漏らさないでください。

ケース4：Webページ作ったよ！

自宅でもネットを利用できるようにプロバイダと契約したところ、Webページ作成サービスが利用できることが判りました。HTMLの書き方も習ったので、さっそく次のような自己紹介ページを作ってみたよ！

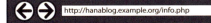

紫苑花子のボチボチBlogでーす！

「しえんはなこ」ってよみます。頑張って更新します!!

まずは自己紹介！
18歳、O型の女です！ひみあ市に住んでます
父・母・姉１・兄１・私・犬１の５人＋１匹暮らし
ABC高校３年です。茨城大に入学決定\('ω')/
自撮りには慣れてないけど・・・写真キレイにとれたかなぁ？(ﾉω･)ｷﾋﾟ↑

大学決まったんで、友達とお酒飲んで煙草も吸っちゃいました。
お店ぢゃカクテル出してもらえないから溜まり場とか公園でたむろって飲んでます。
こないだは騒ぎすぎて近所の人に怒られちゃった・・・うう
いっつも楽しすぎて、帰るのは午前２時ごろになっちゃいます(>.<)
帰り道(A駅からF市道をまっすぐ)は街灯も少なくて、、怖いようう。
もし私を見たらエスコートしてください！

7.11.2 考察例

それぞれのケースでは、例えば次のような問題点や対策が考えられます。もちろん、これ以外にもあるかもしれません。

ケース1：セキュリティ強化のメールが来た！

問題点：

(a) 銀行、カード会社、信販会社などがメールで個人情報を問い合わせることはありません。必ず、郵便などの別経路で連絡されます。このメールは本当にカード会社が送って来たものでしょうか。偽のメールの可能性はないでしょうか。

(b) フィッシングサイトに誘導しようとするメールかもしれません。そうすると登録画面で入力した個人情報が盗まれる可能性があり、カードが不正に使用されてしまうかもしれません。

(c) https による暗号通信路は、通信内容が他の人から覗き見られないことは保証しますが、通信相手が信用できるかどうかは保証しません。

対策例：

(a) メールのヘッダ情報などから、メールの送信情報を確認し、不審なところがないか確認しましょう。メールのヘッダ情報には、差出人、宛先、配送経路などの情報が記載されています。メールソフトの「ソース表示」や「プロパティ表示」といった機能で表示させることができます。

(b) カード会社に、自分が以前から知っている電話番号などを使って連絡し、メールが届いたことを伝え、確認しましょう。

直接このメールに返信したり、このメールに書かれている連絡先に連絡したりして確認するのはダメです。もしこのメールが偽メールだった場合、返信先やメール中の連絡先も偽物の可能性があるからです。

(c) 本当のメールであると確認できないうちは、メールの内容を周りに広めないようにしましょう。いつの間にか尾ひれが付いて、根も葉もない噂に変わってしまうかもしれません。

ケース2：耳寄りな情報が飛び込んできた！

問題点：

(a) 「時間が経っているのに問題が起きていないのは合法だからでしょう。…知り合いの弁護士に聞いたところ間違いなく合法そのものだそうです。」と書いてありますが、本当でしょうか。そのことをわざわざ明記してある点がかえってアヤシイかも。

(b) このメールの内容は「ネズミ講」のように見えます。

(c) 「添付ファイルをご覧ください」となっていますが、添付ファイルが実はウィルスやスパイウェアで、それを開かせようとしているのかもしれません。

対策例：

(a) 自分の知らないメールアドレスからのメール（または心当たりのないメール）なので、基本的には疑う姿勢が大事です。

(b) メールのヘッダ情報を確認しましょう。どのような経路で届いたのかを確認するのもよいでしょう。

(c) 自分の知らないメールアドレスからのメールに返信しないようにしましょう。メールアドレスが活きていることがわかり、さらなる迷惑メールを呼び込むことがあります。From と Reply-to のメールアドレスが異なると怪しさは高まります。

(d) 「ねずみ講」の勧誘をしたことになってしまうので、周りの人にメールの内容を広めないようにしましょう。

(e) 自分の所属機関などに不審なメールが来たことを伝えてください。

ケース3：すごい情報見つけた！

問題点：

(a) 「速報」といいながら「この情報は誰にも知らせてはいけません」とあり、矛盾しています。情報の信頼性に疑問を感じます。

(b) 電話番号やメールアドレスなどの問合せ先が明記されていません。

(c) このページに書かれている「地震予知・地震探査連絡会」は本当に実在する組織なのでしょうか？

対策例：

(a) 情報の信頼性を確認しましょう。テレビ・ラジオ・新聞などにも情報がなく、周りの人に聞いても情報がなかったらデマの可能性が高いでしょう。

(b) この情報を発信した人・企業・団体などが実在するか確認しましょう。「地震予知・地震探査連絡会」について存在を確認しましょう。

(c) 別のルート（例えば総務省や気象庁、地震予知連絡会）で同じ情報が出ているか確認しましょう。

今回の例では、上記の点からデマの可能性が高いと考えられます。しかし、無条件に「最初から信じない」「どうせデマである」などと決めつけないことも大事です。

ケース4：Webページ作ったよ！

問題点：

- (a) 自分の個人情報（名前、年齢、血液型、居住地、家族構成）を載せています。詐欺やなりすましを誘発することになるかもしれません。
- (b) 自分の写真を載せています。ストーカー被害を誘発することになるかもしれません。
- (c) 未成年であるにもかかわらず「お酒飲んで煙草も吸っちゃいました」と違法行為を暴露しています。
- (d) 犯罪を誘引しそうな内容「午前2時ごろになっちゃいます」「帰り道（A駅からF市道をまっすぐ）は街灯が少なくて」を載せています。一人でうろついていることを暴露しており、犯罪に巻き込まれる危険性があります。また、その道の状況が犯罪を行いやすい場所であることを示唆しているため、犯罪多発地域になってしまう恐れもあります。

対策例：

- (a) Webは全世界の不特定多数の目に触れます。個人情報はなるべく載せないようにする必要があります。
- (b) 写真を掲載する場合には、モザイクをかける、画像の解像度を粗くするなどの加工をしましょう。
- (c) 住んでいる地域に関する情報を載せる場合には、あまりエリアを限定しないようにしましょう。

7.12 演習問題

練習 1. 下記の行為は正しい行為だと思いますか？以下の設問では、答えが前提条件や想定により変わるかもしれません。どのような前提でその答えを導いたのかなどを整理しましょう。

(1) 個人情報漏洩防止のメールが ABC 信販会社から届いた。それによると「弊社がもつ個人情報を消去したい方はこのメールに返信してください」とあるので、急いで返信した。

(2) インターネットにある掲示板は匿名性が高い（自分の名前を書かなくてよい）ので、最近耳にした噂を本当のように書いた。

(3) 自分のスマートフォンで撮ったタレントの写真を、自分のブログにアップロードした。

(4) 自分の住所や電話番号は個人情報であり、漏洩するのが嫌なので、大学にも教えていない。

(5) 自宅にパソコンがないのでネットカフェでネットショッピングした。カード番号入力時には暗号通信路（HTTPS）になっていることを確認した。

(6) 見知らぬ人からのメールがきたら、本文を見ないで削除している。

(7) 充分に気を付けてパソコンを使えば、ウィルス対策ソフトウェアがなくてもウィルスに感染することはない。

(8) 人に知られて困るような情報は保存されていないので、スパイウェアを気にする必要はない。

(9) ネットカフェのパソコンはきちんと管理されているはずなので、安心して大学のメールにアクセスした。

(10) ウィルス対策ソフトをインストールしてあるので、サポートが終了した OS を利用しても問題ない。

練習 2. 就業時間中に受信した電子メールの添付文書をワープロソフトで開いたら、ワープロソフトが異常終了してしまいました。受け取った電子メールがウィルスを含んでいたのかもしれません。適切な処置は以下のどれでしょうか。理由についても考えてみましょう。

1. パソコンをネットワークから切り離した後、OS の再インストールをする。
2. パソコンをネットワークから切り離した後、速やかにシステム管理部門の担当者に連絡する。
3. 現象が再発するかどうか、必要ならワープロソフトウェアを再インストールして現象を確かめる。
4. 社員全員にウィルス感染の警告の電子メールを発信する。
5. 電子メールの添付ファイルを他のコンピュータで開き、確認をする。

練習 3. かつてテレビや新聞などでペニーオークション問題とステルスマーケティングの問題が報じられました。この 2 つの問題は本来 別々の問題なのですが、一緒に報道されることで問題点が不明確になっていました。それぞれどういった点が問題なのか考えてみましょう。

練習 4. クラウド上のオンラインストレージに格納したデータの総容量が 10 ギガバイトになったとします。ネットワークの通信スピードとして 1[Gbit/sec] として、このデータをすべてオンラインストレージから取得するには、どのくらいの時間がかかるでしょう。

練習 5. 青少年がネットワーク犯罪に巻き込まれるのと防止する技術的対策のひとつとして、ペアレンタルコントロール（Parental Control）と呼ばれるものがあります。どのような機能をもっているのか調べてみましょう。

練習 6. ネットワークにおける総合的な技術的対策として、ファイアウォールという機器があります。どのような機能をもっているのか調べてみましょう。

第8章

情報受信と情報発信

8.1 情報の信憑性

　私たちは、意識的にあるいは無意識のうちに脳内に情報をインプットして、意思決定と価値判断の材料にしています。ある情報を「信用する」とき、その理由は何でしょうか。信頼している人が発信した情報だからでしょうか。

　情報の信憑性を判断するには、その情報を批判的に解釈することが必要です。「批判」という言葉の本来の意味は**「物事の可否に検討を加え、評価・判定すること」**です。物事の可否を検討する際には、多様な視点を比べて客観的に判断しましょう。情報の内容だけでなく、その情報に付随するバックグラウンドに対する洞察力が必要です。情報を発信するときのバックグラウンドとは、例えば次のようなものです。

- 誰が
- どんな背景・文脈・話の流れで
- どんな立場・視点から
- 何を意図して
- なぜそのタイミングで
- その情報を発信したか（あるいは発信しなかったか）

8.1.1 情報源を確認する

　ある情報が最初に発信された場所を「一次情報源」「一次ソース」と呼びます。Webでは「コピー&ペースト」で他者のコンテンツ[1]を自分のコンテンツ内に取り込んだり、「リンク」で相互参照が簡単にできます。リンクやコメントを辿って、読者が自分の興味の届く範囲まで調べられる反面、外部依存性が高い記事では伝言ゲームが生じやすいともいえます。

　「釣り」と呼ばれる扇動が目的の情報は、真偽を見抜くのが難しいケースが多々あります。複数のサイトに拡散するうちに、受け手の解釈が「まさかそれはないだろう」から「ほんとかもしれない」に変わっていきます。

---

[1] 提供される文書・音声・映像・ゲームソフトウェアなどの個々の情報のこと。（小学館「デジタル大辞泉」）

情報を客観的に判断するためには多様な視点を比べることが大切ですが、収集した複数の情報が、実は同じ情報源から派生していた、などということもあります。Webは、様々な出自のコンテンツを同様に並べて提供する点で、情報の価値を並列化する性質があります。情報源がどこであるのか意識しましょう。

---政府統計の信頼性---

省庁が発表する統計データを「政府統計」といいます。皆さんはこの言葉にどんなイメージがあるでしょうか？政府が公開しているので信頼できると考えるでしょうか。あるいは、官僚が作成するので、政策の実行に都合が悪い部分はうまくごまかしていると思うでしょうか。同等のデータを自分で調査するのは極めて困難なので、ひとまず信頼できると仮定しないと話が進まないという考えもあります。

8.1.2 情報の鮮度を確認する

Aさんは面白い記事を紹介するツイートを見つけました。にわかには信じられないような話でしたが、たくさんの人がリツイートしています。自分も驚きを伝えたくなったのでさっそくリツイートしました。

情報発信の手段として、会話、テレビ報道、書籍、掲示板、メール、Web、ブログなど様々なものがあります。ある時点で発信した情報が、時とともに不正確になったり、間違いであることが判明したりすることはよくあります。紙媒体やディジタルデータのような記録情報はその形を保ち続けます。

新聞などでは訂正記事が出ることがありますが、取り扱いが小さかったり、修正内容が別の記事（ページ）に記載されたりして見逃すことがあります。ネットでは、新しい記事も古い記事も混在した状態で同列に提示されるので注意が必要です。そもそもブログやTwitterはその時点の体験や意見を書き綴ったものなので、後日それが間違いだと分かっても修正されることは稀です。不正確な情報が拡散している渦中においては、信憑性を見極めるために複数の情報源を見比べてのプロファイリングが必要になることがあります。

⟹ それはエイプリルフールのジョーク記事で、Aさんがリツイートしたのは4月1日から何か月も過ぎた後でした。

8.1.3 情報の真実を見極める

この節では、私たちの身の回りでよく目にする騙されやすい表現を紹介します。

8.1.3.1 恣意的なグラフで一目瞭然

右表はある都市の5年間の人口推移をまとめたものです。これを棒グラフで表すと下図のようになります。左右のグラフは同じ変化を示していますが、左側からは急激な人口減少が起きているような印象を受けます。グラフを使うとデータの傾向を直感的に把握できます。しかしグラフの形状だけに注目してしまうと、真の情報に気が付かないこともあります。

年度	人口（人）
2008 年度	55000
2009 年度	54800
2010 年度	54600
2011 年度	54400
2012 年度	54200

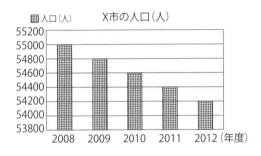
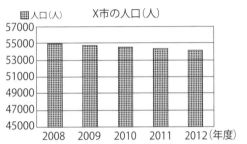

8.1.3.2 理由になってる？

> （ア）「朝食を食べている子供とそうではない子供を比較すると、朝食を食べている子供の方が成績が良いことがわかった。このことから朝食をとると頭脳の発達が促進されるといえる。」
>
> （イ）「高齢者で亡くなった人の生前の体重は、同世代の健康な人と比べると少なかった。太っている方が死亡リスクが少ないことがわかる。」

上の2つの文章は、共に少ない事実から結論を導き出している印象を受けませんか。ここでの問題点は相関関係と因果関係を混同していることです。相関関係とは「事象Aと事象Bの間になんらかの関連がある」場合をいいます。他方、因果関係は「事象Aが起きたので事象Bが起きる」場合のことです。

（ア）では、朝食を食べている子供の親は、食べていない子の親に比べて教育に心を配る傾向があるなど、生活環境の他の要因が子供の成績につながっている可能性があります。「朝食を食べている子供の方が成績が良い。」ということからは、「朝食と成績の間に何かの関連があるようだ」としかいえません。

（イ）では、高齢者の死因の多くは病気や老衰のため、終末期の体重は必然的に少なくなっているということが考えられます。こちらも結論の裏付けとなる事実が不足しています。

環境には結果に影響を与える様々な要因が存在するため、疑わしい原因が特定できる場合でも因果関係の証明は難しいといえます。相関関係が認められる際は、他の因子も考慮に入れて仮説を立て、統計データを分析するなどして、慎重に検討する姿勢が大切です。

8.1.3.3 魅力的なタイトル

新聞や雑誌は、読者が必ずしも記事の全部を読まないことを想定して作られています。見出しだけをざっと眺めて内容を大まかに把握するという人もいます。そこに興味を引くタイトルがあれば記事の本文を読みたくなるかもしれません。タイトルが短いとどうしても言葉足らずになりがちですが、しばしば意図的にセンセーショナルな表現で読者を誘導する手法も使われます。

> 「いじめ『重症例』急増　昨年度の相談523件　文部省初調査　6割が登校拒否」

上のタイトルには「初調査」と「急増」という言葉が存在しています。前のデータと今のデータを比較して初めて急増といえるのですが、初調査であれば前データがあるはずがありません。「昨年度の相談」の調査と今回の調査はそもそも比較できるものでしょうか。調査方法の明示やその方法への吟味もないまま、読者の気をひく「急増」などの言葉を用いている点が問題です[2]。

> 「感染者の発生　『日本でも』8割」

これは2003年に世の中を震撼させたSARSに関するものですが、タイトルからは、一見、日本国内で多くの感染者が発生しているように読めてしまいます。実は、このタイトルの後に次の文章が続きます。

> 「SARSが日本にも拡大すると約8割が予想し、約6割が日本政府の対策に不安を感じていることが、電通消費者研究センターの意識調査からわかった。」

このタイトルは嘘とはいえませんが、故意に言葉足らずにすることで興味を引く手法です。

8.1.3.4 科学的根拠が不確かな例

> 「マイナスイオンは健康に良く高血圧症も大きく改善」

マイナスイオン健康説は、ドイツの物理学者であるレーナルトが「滝の周辺にいると爽快感を感じるのは、滝底での衝撃によって、負イオンとなった水の分子が空気中に多いから」という説を唱えたことに始まります。「マイナスイオン」は和製英語で、科学的な定義がない言葉です。そのため、東京都は「科学的根拠が疑わしいもの」として、2006年11月に複数の業者に対し資料の提出を要求するとともに景品表示法を守るよう指導を行っています。

---

[2] この記事を掲載した新聞社は、前の調査では「いじめ」の項目はなかったが、昨年度は相談の中にいじめに起因するであろう事例を集めたものであるという回答をしました。

8.1.3.5 特徴的な表現から真偽を見抜く

書き手が根拠を示せないことをごまかすために、強調表現が多い文章になることがあります。

- 強調表現の多用

  強く断定する言葉（「紛れもない事実」「まったく」「必ず」「絶対」「基本的に」「極めて」「非常に」「急増」など）を用いた表現は、主観的な表現です。客観的な根拠が示されているかを見極める必要があります。

- 読者の常識に訴える表現

  常識に訴えるような言葉（「当然」「必然的に」「いうまでもなく」「もちろん」など）を使って発言を正当化しようとする意識があります。前提とする知識（常識）をきちんと説明できるかどうか考える必要があります。

- 類似例の羅列

  類似例を並べて（「類似点」「似ている」など）議論を展開することで、論証すべきことを避けていることがあります。例えば「魚と人間は驚くほど似ている。なぜならば、目が2つあり、口から食事をとるなど多くの類似点があるからである。」というような論法です。

8.2 情報収集・情報検索

情報収集は、その情報源によって、既に他の人がまとめた資料（書籍・新聞・インターネットなど）から情報を得る場合と、自分で新しく材料を得る場合（取材・フィールドワーク・実験など）とがあります。以下ではインターネットから情報を収集する方法を紹介します。出典を明記できるように、収集した情報は情報源の情報とともに記録しておきましょう。

8.2.1 検索結果を鵜呑みにしない

情報を検索するときには、キーワードの選び方によって出てくる情報が変わります。例えば「AはBであるか否か」を調べるときに、「AはBである」で検索すれば検索結果にはそういうものだけがたくさん表示され、逆に「AはBではない」で検索すれば今度はそれを支持する結果だけがたくさん表示されます。一方の結果だけを見ていると、それが世の中の主流意見のように判断してしまいがちです。「人は自分の見たいものしか見ない」とよくいわれます。複数の異なる視点からの検索結果が得られるよう、検索キーワードを選びましょう。

Google がカバーしている情報があまりに膨大であるがゆえに、「Google で見つからない」＝「インターネット上にその情報はない」と思われることがあるようです[3]。Web サイトとして存在しても、必ずしも検索結果として現れないことにも注意しましょう。例えば、有料の電子ジャーナルのページ等 Web クローラに情報収集を許していないサイト、ユーザ認証を経た後でないとアクセスできない Web ページは、検索結果に出てきません。

---

[3] あたかも Google がインターネット上の情報の総体という感覚で Web≈Google という語られ方をすることがあります。

第 8 章　情報受信と情報発信

図 8.2.1　Google ポータルのトップ画面。様々な条件で検索を行える。

Google のページインデックスの仕組み

Google は、スタンフォードの博士課程に在籍していたラリー・ペイジとセルゲイ・ブリンによって 1998 年 9 月 4 日に会社として設立されました。創業時は Web 検索サービスだけを提供していました。それより前から検索エンジンを運営している他社がある中で後発の Google がシェアを獲得していくことになる理由の一つは、彼らが提供する検索エンジンが**ユーザが入力した検索語に対してより適切な結果を返す**仕組みを備えていたからです。この仕組みは「ページランク（PageRank）」と呼ばれる、Web ページの重要度を決めるためのアルゴリズムを用いています[a]。ページランクは次のようなシンプルな着想から始まっています。

(i)　重要な Web ページは他の多くの Web ページからリンクされる。

(ii)　重要な Web ページからリンクされたページは、価値が高い Web ページである。

これらのルールに基づきページ毎に重要度を算出していくわけですが、実際の Web ページには相互リンク等による循環参照などがありますので、これを重要度に加味してしまうのを防ぐために計算を工夫しています。また、広告における Web サイトの重要性が認識されるにしたがい、小手先のテクニックでページランクを上げる手法が広がりだしたことから、現在ではページランクのアルゴリズムはより複雑なものになっているようです。

---

[a]「The Anatomy of a Large-Scale Hypertextual Web Search Engine」というタイトルで学術誌に発表されている（1998）

8.2.2 オンライン辞書・百科事典

あるジャンルについて情報を整理・分類している Web サイトをオンライン辞書などと呼びます。書籍の中身をほぼそのまま公開したものの他に、一般人が編集できる Wikipedia のようなオープンコンテント[4]の百科事典もあります。例えば普段何気なく使っている言葉の意味、語源などを調べることで、微妙なニュアンスの違いなど言葉に対する感性を磨くことができます。

なおオープンコンテントの場合には、オープンコンテントゆえの利点と欠点があります。

☐ 最近の出来事や人物等についても記述がある。
☐ 出版されている辞典とは違った視点、詳しい内容。
☐ 誰でも書き込みや編集が可能である。
■ 最新の出来事については、利害関係や係争事項があることも多い。
■ 重要視されていない項目についてのチェックはされていないかも？
■ 関係者自身が、自分が関与した事柄について記述・編集を行うと、客観性が失われるかも？

このように内容が必ずしも正しいとは限りません。かならず裏付け調査をしましょう。

百科事典 — Wikipedia

URL http://www.wikipedia.org/
「ウィキペディア」は、オープンコンテントの百科事典です。基本方針に賛同するなら誰でも記事を作成・編集できます。2014年8月現在、ウィキペディア日本語版には約92万本の記事があります。

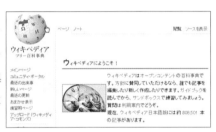

図 8.2.2　ウィキペディア

統合型オンライン百科事典—Weblio

URL http://www.weblio.jp/
登録してある専門辞書や国語辞典、百科事典から横断検索する統合辞書サイトです。複数の辞書を一度に検索できるため、多くの情報が手に入ります。2014年11月現在、657の辞書が登録されています。

図 8.2.3　Weblio

---

[4] 創作物などが共有されていて自由に利用できたり、複製・配布・改変などについて制約がかけられていないこと。

8.2.3 出版物の検索

出版物には紙媒体のものと電子書籍とがあります。紙媒体の出版物については、図書館の検索システムを利用することで、タイトルや著者、出版社等から検索することが可能です。国立国会図書館（National Diet Library；NDL）には、日本で出版されたほぼすべての著作物のリストがあります。似た名前の書籍がたくさんある場合には、ISBN や ISSN などの識別番号で確認しましょう。

学術の世界では、オンラインで閲覧できる電子ジャーナルという形態の雑誌が普及しています。特にインターネット上で参照できるドキュメントに対しては、DOI（Digital Object Identifier, ディジタルオブジェクト識別子）と呼ばれる番号で参照することができます。

ISBN と ISSN

ISBN と ISSN は出版物に付けられる国際的な標準コードで、これを用いて世界中の出版物から資料を特定できます。ISBN は図書に、ISSN は主に雑誌に割り当てられます。ISBN と ISSN においては電子媒体も対象とされています。

- ISBN（International Standard Book Number, 国際標準図書番号）
  図書や単行刊行物のほとんどにこの ISBN がつけられています。ISBN は「出版国（もしくは地域・言語圏）」、「出版社」、「その出版物固有の番号」を示す番号から成っています。旧 ISBN は 10 桁でしたが、一部の地域で割り当て可能なコードの枯渇が目前となったため、現在では 13 桁になっています。

- ISSN（International Standard Serial Number, 国際標準逐次刊行物番号）
  逐次刊行物（新聞、定期刊行物、学会誌など）を識別するためにつけられます。日本では、逐次刊行物の流通には「雑誌コード」が用いられるのが一般的で、ISSN の付与は任意であるため、ISSN が付いている刊行物は多くはありません[a]。学術雑誌のほとんどには ISSN が付与されています。ISSN は 8 桁で、通常は上位 4 桁と下位 4 桁に分けられます。

[a] 日本では国立国会図書館において ISSN 日本センターが ISSN を付与しています。

8.2.4 CC ライセンスに対応したコンテンツの検索

インターネット上には、5.2.3 節で紹介した Creative Commons ライセンスを用いたコンテンツが数多く流通しています。作品の利用のための条件として表 8.1 に示す 4 種類があります。

表8.1 Creative Commons ライセンスの条件

略称 BY	「表示」：作品のクレジットを表示すること。（Attribute）	略称 NC	「非営利」：営利目的での利用をしないこと。（NonCommercial）
略称 ND	「改変禁止」：元の作品を改変しないこと。（NoDerivativeWorks）	略称 SA	「継承」：元の作品と同じ組み合わせの CC ライセンスで公開すること。（ShareAlike）

これらの条件を組み合わせてできる基本的な CC ライセンスは全部で 6 種類あります[5]。

表示（BY） 原作者のクレジット（氏名、作品タイトルと URL）を表示することを守れば、改変はもちろん、営利目的での二次利用も許可される最も自由度の高い CC ライセンス。

表示―継承（BY-SA） 原作者のクレジット（氏名、作品タイトルと URL）を表示し、改変した場合には元の作品と同じ CC ライセンス（このライセンス）で公開することを守れば、営利目的での二次利用も許可される CC ライセンス。

表示―改変禁止（BY-ND） 原作者のクレジット（氏名、作品タイトルと URL）を表示し、かつ元の作品を改変しない条件で、営利目的での利用（転載、コピー、共有）が行える CC ライセンス。

表示―非営利（BY-NC） 原作者のクレジット（氏名、作品タイトルと URL）を表示し、かつ非営利目的であれば、改変したり再配布したりすることができる CC ライセンス。

表示―非営利―継承（BY-NC-SA） 原作者のクレジット（氏名、作品タイトルと URL）を表示し、かつ非営利目的であり、そして元の作品と同一の許諾条件であれば改変した作品を自由に配布することができる CC ライセンス。

表示―非営利―改変禁止（BY-NC-ND） 原作者のクレジット（氏名、作品タイトルと URL）を表示し、かつ非営利目的であり、そして元の作品を改変しないことを守れば、作品を自由に再配布できる CC ライセンス。

CC ライセンスの表示には、上に示したようなアイコンを用いるだけでなく、作品に「ディジタルコード」として電子的な情報を付加することができます。このディジタルコードをプログラムが読み取ることで機械的に作品を分類できます。これを利用して、検索エンジンなどのプログラムが CC ライセンスに基づいて検索結果を表示させることができます。CC ライセンスを用いた検索ができるサイトには、Flickr（写真画像共有サイト）、Google（検索ポータル）、YouTube（動画共有サイト）などがあります。

---

[5] 表中の説明は「クリエイティブ・コモンズ・ライセンスとは」http://creativecommons.jp/licenses/ から引用の上要約

8.3 情報の整理

Webページは日々更新されています。次にアクセスしたときにページが消えていたり、内容が変更されているかもしれません。自分にとって重要な情報は、リンクだけではなく、内容を（電子的に、もしくは印刷して）保存する方が確実です。それぞれの手順を示します。

方法1:Web ページへのリンク・URL を保存する。

ブラウザのお気に入りに登録する。次からは、お気に入りのリンクをクリックしてページに移動できます。

方法2: Web ページ内の文章をコピーして保存する。

1. コピーしたい文章をマウスでドラックして選択する。
2. そのままの状態で、メニューバー【編集】→【コピー】をクリックする。（クリップボードにコピーされる）
3. テキストエディタ・ワードなどに移動して、貼り付ける。

方法3: Web ページ内の画像をコピーして保存する。

1. 画像の上で右クリックして「画像をコピー」「名前を付けて画像を保存」などをクリックする。
2. コピーの場合は、そのままワード文書内などに貼り付ける。保存時は、保存先を指定する。

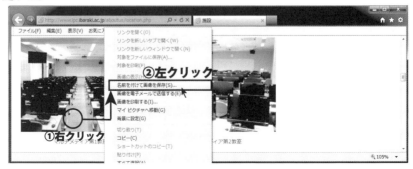

8.3 情報の整理

方法 4: Web ページを丸ごと保存する。

1. ブラウザのメニューバー【ファイル】→【名前を付けて保存】などをクリックする。
2. 下のダイアログで、ファイル名・ファイルの種類を確認して保存する。

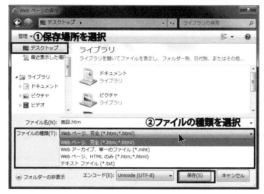

表 8.2 ファイルの種類について

Web ページ、完全 (htm,html)	画像を含めてページを保存する。画像はフォルダにまとめて保存される。
Web アーカイブ、単一のファイル (mht)	画像も含めてページを一つのファイルに保存する（画像は埋め込まれる）
Web ページ、HTML のみ	文章のみ保存する。表組や見出しなどの構造はそのまま保存される。
テキストファイル	文章のテキスト情報のみ保存する。

方法 5: PDF ファイルにして保存する。

パソコンに PDF 印刷ソフトウェア[6]がインストールされていれば、出力先を PDF ファイルにして印刷できる。

ブラウザのメニューバー【ファイル】→【印刷】をクリックし、プリンタとして PDF 出力ソフトを選択して印刷する。

情報整理ツール

最近では情報整理に特化したソフトウェアも人気があります。フリーソフトの「Evernote（エバーノート）」、Microsoft 社製の「OneNote（ワン・ノート）」などが有名です。画像，テキスト，ファイルなどを融合したディジタルなノートが簡単に作成できます。ディジタル形式ですので、キーワードを使ってノート全体から検索したり、相互リンクを活用して自分だけのまとめサイトを作ることも可能です。ソフトウェアによっては、携帯端末との連携機能やクラウド上にデータを保存・共有する機能もあります。

---

[6] PDF ファイルに印刷内容を出力できるソフトウェア。フリーソフトでは「PrimoPDF」などがある。

8.4 他人に読んでもらう文書を書く

これから多くの場面で報告書の提出を求められます。報告書には、「論文」「マニュアル」「企画書」などがあり、それぞれ「研究成果を認めてもらう」「機器の操作方法を習得してもらう」「企画を採用してもらう」という目的があります。他人に読んでもらう文書は、相手に正確に意図を伝え、目的を達成することを念頭に置いて書きましょう。

レポートは単に調べものをして報告するものではありません。集めた情報を分析し、自分なりの意見（視点）を明確に書くことが重要です。ネットや文献の情報を丸写しただけのレポートではほとんど評価されないと考えたほうがよいでしょう。「サーベイ（survey）」という、既存の研究や分野の動向をまとめた報告書もありますが、調査対象の選択や結果分析に著者自身の創意が必要です。

分野や教員によっても、理想とされるレポートが異なってくるため「どのようなレポートが求められているのか」を確認することも大事です。例えば、論文とエッセイ・作文は違います。論文においては、事実やデータの積み重ねおよび論証の過程がしっかりしていなければいけません。これに対してエッセイとは、経験や知識に基づいて、自分の意見や感想、思索を散文としてまとめた文章のことです。エッセイでは決まったスタイルや明確なテーマがないこともあり、文体やストーリーの面白さがより重視されます。

8.4.1 執筆の流れ

1. フォーマットを把握する

   レポートには決まったフォーマット[7]があります。フォーマットから外れると評価が下がったり、受け取ってもらえないことすらあるので注意してください。必要なページ数（もしくは文字数）はテーマ設定に密接にかかわってくるため、最初に把握しておきましょう。

2. テーマを絞り込む

   研究論文では、報告書を作成する段階になれば、すでに調査すべきことが明確であったり、あるいは調査結果が既に得られていたりすることが多く、テーマ選択に悩むことは少ないかもしれません。レポートにはゆるやかなテーマが与えられることが多いようです。漠然としたテーマに自分なりの視点を持つために、主題を絞込んでみましょう。以下のステップを繰り返します[8]。

   (a) 思いつくキーワードらしきものを書き出す
   (b) 辞典・事典・用語集やネット上の辞典類で言葉を集める
   (c) 検索エンジンを使って情報を収集する

---

[7] ページ数と余白、フォントの種類とサイズ、参考文献の書き方 など。
[8] 最初のサイクルでは発想を膨らませて思考を拡散し、関心領域がはっきりしてきたら絞り込みます。

3. 文献や資料を収集して分析する

   テーマがはっきりしてきたら、より確かな資料を収集して分析を行います。Wikipediaなどは情報収集の段階で着想を膨らませるために使うにはよいのですが、レポートの根拠資料としてはふさわしくありません。できるだけ原典（論文ならば原論文）にあたる習慣をつけましょう[9]。

   (a) 図書・雑誌・記事などの情報を収集する（ネット上の情報も活用しましょう）
   (b) 図書などはレビューを参考にする
   (c) 情報を分析し、自分なりの視点を考える

4. レポートを執筆する

   いきなりキーボードに向かってもまとまった考えが浮かんでこないかもしれません。まずは、頭と手を使って自分の考えをまとめます。少しずつ書き進めたりメモを残したりしてみましょう。メモ書きには、有用なアイデアを残すということの他に、脳に情報を定着させる効果もあります。継続的に関心領域を保ち続けることで、次第に思考の輪郭がはっきりしてきます。

   ある程度書き進めたら内容を推敲しましょう。以下のことができているかチェックします。

   - 主張を明確に簡潔に書く（読み手の気持ちをつかむ）
   - 集めた情報をもとに主張を補強する（読み手を説得する）
   - 体裁（レイアウト等）を整える（読み手の印象を良くする）

   書き上げたレポートは、少し時間をおいて[10]から再び見直してみましょう。執筆中にはなぜか分からなかった細かいミスや、新しいアイデアに気が付くことがあります。

8.4.2 論文の構成

論文の構成には決まったスタイルがあります。通常、論文では序論・本論・結論という流れで文章が展開します。細かい要素に分けると、表題（タイトル）、要旨（アブストラクト）[11]、はじめに（イントロダクション）、仮説、実験方法、結果、考察、謝辞[12]、参考文献などになります。この要素に従って見出しを付けて文章を章や説に分けます。論文の長さやスタイルによって使わない要素があるかもしれません。論文をいくつか入手して、どういった構成かを眺めてみるとよいでしょう。

以下では、それぞれの項目に何を書くべきかを説明します。

---

[9] 正式な論文であるほど、出所のしっかりした検証可能な情報が求められます。卒業論文の参考文献をWikipediaなどのネット情報で埋めようとは思わないでしょう。
[10] このことを「（原稿を）寝かせる」などといいます。
[11] 要旨は論文の内容を短くまとめたもので、通常は数百字以内です。オープンアクセスでない論文誌では要旨しか読めない場合も多いようです。
[12] 指導教員や研究協力者、家族などへの感謝を述べる部分です。

科目名　情報処理概論
提出日　平成 24 年 7 月 20 日
学生番号　P119900L　氏名　茨大鉄男

　　　　　　　　レポート課題：「こどもに携帯電話は必要か」に関する調査

1. 調査目的
こどもの視点、親の視点、学校の視点から「多機能化した携帯電話をこどもがもつ必要性」について調査することを目的とする。

2. 仮説（予想）
持たせる側の親と持つ側のこどもが期待する主な利用目的が違うため・・・

3. 調査方法と結果
文献調査を実施した。文献 [1] では・・・, 文献 [2] では・・・が示されている。表 1 のアンケート用紙を作成しアンケートを実施した。集計結果を図 1 に示す。

4. 考察（仮説の検証）
・・・

5. 結論と今後の課題
・・・

参考文献
[1] 矢野直明 著, 林紘一郎 著,「倫理と法 − 情報社会のリテラシー」, 産業図書 (2008).
[2] 山住富也 著, 湯浅聖記 著：「ネットワーク社会の情報倫理」, 近代科学社 (2009).

レポートの構成の例

表題

多くの場合、読者は表題と著者名を見て、その文献に目を通すかどうかを判断します。次に、要旨や序論・結論を読んでから、文献全体を読むかどうかを判断します。論文のタイトルには、**重要なキーワードを含めて、専門分野以外の人でも何が書かれているのかある程度は分かるようにしましょう**。

序論

本論で扱うテーマの説明と問題提起をします。何について書くのか、なぜそれを書くのか（**研究の意義・問題背景**）を示しましょう。

本論

本論には、「仮説」「実験方法」「結果」などが含まれます。ここは、**得られた結果（事実）を詳しく説明して、結論で述べる考察（自分の意見）につなげていく部分**です。仮説を立てた場合には、仮説とその検証方法についても説明します。「行った**実験や研究の具体的な方法**」「**実験や研究から得られた結果**」について記載しましょう。

結論

結論では、得られた結果について簡単にまとめ、**結果（事実）に基づいて自分の意見を記述**します。研究の意義や手法の評価、今後の課題、他の研究との比較などが含まれることもあります。序論の主張との整合性を執筆後に振り返ってください。

8.4.3 文章の作法

この節では、読者に書き手の意図を正確に伝えるポイントを紹介します[13]。できるだけ普通の言葉を使って、誠実な表現をするように心がけましょう。

8.4.3.1 章、節、段落に分ける

論文の各構成要素は、大きな意味のまとまり毎に分割しましょう。特に大きな固まりには見出しをつけましょう。見出しがあると論旨展開が予測できるため、読み手の理解を助けてくれます。レイアウトも工夫し、視覚的にも構造がわかるようにしましょう（タイトルを左右中央に配置する、段落の間には余白を設けるなど）。

8.4.3.2 簡潔に書く

文章は適切な長さに分割しましょう。

飛行機内で利用する磁器を割れにくくするには普通はアルミニウムの酸化物の結晶を加えるが、それでは重くなってしまうので、素地中のアルミニウムの一部をリン酸アルミニウムに置き換えたところ、電子顕微鏡で覗くと磁器の内部に直径 $5\,\mu$ メートル以下の小さな気孔がたくさん空いていた。

---

[13] いわゆる「名文」の書き方ではありません。実際のところ、読み手や時代によって良い文章の基準は変わります。小説などの文学作品では特にそれが顕著です。

前の例は、一つの文が133文字から成っています。文章を分けると読みやすくなります。

> 飛行機内で利用する磁器を割れにくくするには、普通はアルミニウムの酸化物の結晶を加える。しかし、それでは重くなってしまうので、素地中のアルミニウムの一部をリン酸アルミニウムに置き換えた。電子顕微鏡で覗くと磁器の内部に直径5μメートル以下の小さな気孔がたくさん空いていた。」

8.4.3.3 相手に応じて用語を選ぶ

専門知識がない人向けの文書（特に企画書など）では、専門用語は平易な言葉で言い替えるのがよいでしょう。一方、論文では、定義が決まっている専門用語を用いることで、あいまいさを排した議論ができるようになります。以下のような点に注意して、用語の意味を確かめてから使いましょう。

- 分野による用語の定義

  多くの場合、それぞれの分野で使用される用語とその定義をとりまとめた辞典があります。学術以外にも用語の規格は存在します。例えば、工業の分野ではJIS規格用語[14]などがあり、外来語の表記については、文部科学省の告示[15]などがあります。

- 日常用語が専門用語として使われる場合

  特に外国語の用語の場合、語源の知識がないために思い込みで解釈してしまいがちです。例えば、ソフトウェア会社で「8文字のユニークなIDをキーとし…」とマニュアルにあったら、それは面白い8文字の語句をキーにするということではありません。この場合の「ユニーク」は「一意の（ただ一つの）」を表しており、重複しない8文字のIDをキーに（検索やデータベース構築を）するという意味です。

8.4.3.4 被修飾語をはっきりさせる

被修関係がはっきりしない文章は、句点（,）を用いたり語順を替えることで被修飾語を見つけやすくなります。

以下の（ア）では、楽しそうにしているのが「実験している学生」なのか、それとも「話しかけた先生」なのかを特定できません。（イ）〜（エ）のようにすると、「楽しそうに」が修飾している語句がはっきりします。

> （ア）「先生は楽しそうに実験している学生に話しかけた。」
> （イ）「先生は、楽しそうに実験している学生に話しかけた。」⟹　学生が楽しそう
> （ウ）「先生は楽しそうに、実験している学生に話しかけた。」⟹　先生が楽しそう
> （エ）「先生は実験している学生に楽しそうに話しかけた。」⟹　先生が楽しそう

---

[14] 日本工業標準調査会 http://www.jisc.go.jp
[15] 内閣告示第二号（平成三年六月二十八日）

8.4.3.5 文体を統一する

「です・ます調」か「だ・である調」のいずれかに統一して書きましょう。文体が変わるとそこで論旨の流れが途切れる印象を与えます。悪くすると、インターネットからそのままコピー＆ペーストしたと思われることもあります。コラムや書籍では本筋と離れた情報を挿入したいときに文体を変えることがありますが、レポートでは意見を筋道立てて論述することが主眼ですので、特別な理由がなければ避けた方がよいでしょう。

8.4.3.6 図や表を用いる

文章で説明すると長くなったり把握しにくかったりすることが、図表を使うと一目瞭然に理解されることがあります。特に実験で得られたデータは、数値をそのまま本文に含めるのではなく、整理してグラフや表にまとめましょう。論証を補強する情報を、読者が理解しやすいように提示するという役割があります。

正確かつ分かりやすい図を書きましょう。グラフを読み取るために必要となる情報は、スペースが許せばグラフ領域の中に含めるようにしましょう。

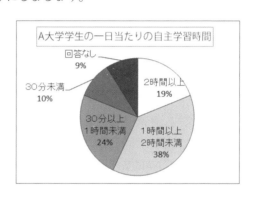

学習時間	回答者(%)
2時間以上	19%
1時間以上2時間未満	38%
30分以上1時間未満	24%
30分未満	10%
回答なし	9%

※全回答者数9805名

図 8.4.4　左：表で示す，右：グラフで示す

8.4.4 引用について

引用する際には元の文章を正確に写します。なお要約した場合は、本文中や脚注（ページの余白の備考）に要約である旨を記してください。引用部分が地の文と明確に区別できるようにします。文中で引用するならばカギ括弧（「」）で囲むのが一般的です。引用部分が数行にわたる場合には、以下のように前後に行間を空けて字下げします。

> 吉村ら [1] は、X 反応が Y の濃度変化によって発生する可能性を検証した。
> 　　○○○○○○○○○○○○○○○○○○○○○○○○○○○○○
> 　　○○○○○○○○○○○○○○○○○○○○○○○○○○○○○
> 　　○○○○○○○○○○○○○○○○○
> さらに、××××××××××××××××××××××××・・・。

引用した文献は参考文献に記載しましょう。

参考文献

[1] 薔薇伸子,「五叉路〜その左右」, 論理（茨城大学出版会）, vol.1, no.1 pp.1-10（2009）

8.4.5 参考文献について

出典は、論文末に参考文献としてまとめて記載します。専門分野や雑誌によって記載方法のフォーマットが決まっていることがあります。基本的には、第三者がその情報を特定・入手するのに必要な情報（具体的には「著者名」「タイトル」「出版社」「巻数、ページ数」「刊行年月日」など）を記載します。

以下に文献の種類毎に書き方の例を示します。

(a) **書籍：** 著者名, 書籍名, 出版社, 出版年.

例（和文）：ジョーン・茨城・スミス 著, 水戸花子 翻訳,「大学論講義」, 茨城大学出版会（2012）.

例（英文）：John I. Smith, "The idea of Japanese University", Ibaraki University Publishing, 2012.

(b) **雑誌：** 著者名, 論文名, 雑誌名（出版社）, 巻数, 号数, 出版年, 開始/終了ページ.

例（和文）：薔薇伸子,「五叉路〜その左右」, 論理（茨城大学出版会）, vol.1, no.1, pp.1–10（2009）.

例（英文）：Nobuko Bara, "On 5way xing", The Journal of Philosophical Ibaraki Logic（Ibaraki University Publishing）, vol.1, no.1, pp.1–10（2009）

(c) **新聞：** 著者名（わかる場合）, タイトル, 新聞名, 掲載日と朝刊/夕刊など, 欄名かページ数.

例：長田いばこ,「ネガッタリカナッタリ」「イバ新聞」 2010年5月1日朝刊, 編集記.

(d) **ネット上の著作物：** 著者名（わかる場合）, サイト名とタイトル, URL, 参照日.

ネット上の著作物は後でアクセスしたときに内容が変更されていることがあります。「ページタイトル」「リンク先のURL」「参照日」は含めましょう。

例：IBANEKO, 叢放浪記「ゼリーとトロミの微妙な関係」,
http://example.com/8.php（2010年1月15日参照）.

(e) **私的なやり取り：**

研究遂行に重要な影響を与えたものであれば、アドバイスや私信も参考文献欄に含めてよいとされています（参考文献には含めず謝辞に掲載する場合も多いようです）。

8.5 適切なツールを選ぶ

　文書・表計算・プレゼンテーションの資料を作成するスキルは、現代人が仕事をする上での前提になりつつあります。パソコンで扱える形式で資料を作成すると、「図・グラフ・文を容易に融合できる」「アニメなどの特殊効果を挿入できる」「資料の再利用・受け渡しが簡単」「大量の資料から一気に検索できる」などのメリットがあります。

　理論的な筋道を示しながら説明をするには文章が適しています。必要に応じて図や表を用いると、より分かりやすくなります。データ処理やグラフ作成には、表計算ソフトウェアを用いるのが一般的です。大規模なデータの処理には、統計ソフトを利用することもあります。作成した資料をどのような形式で相手に提示するかは場面によって異なり、対面であればプレゼンテーションという手法を使います。

　このような資料を作成するためのソフトウェアを「Office ソフトウェア」「Office アプリケーション」と呼ぶことがあります。Office ソフトウェアとしては商用ソフトウェア **Microsoft Office** が有名です。

エクセルでワープロ？

日本人は表組を多用した文書が大好きです。このような表組の多い文書をワードではなく、エクセルで作成する謎の文化があります。これは紙に印刷することだけを考えた使い方であり、中に記入された素材であるデータの再利用性をまったく考慮していません。例えば下の例では、人数のセルに「人」という単位を入れてしまったため、数値として計算することができなくなっています。関連して、合計欄はエクセルの機能を使って計算させればよいのに、自分で入れたばっかりに間違えています。

	男	女	合計
○○村の人口	143 人	234 人	387 人

無料の Office ソフトウェア

　Microsoft Office ソフトウェアの新しいバージョンなどを自分で購入しようとすると、意外と高価です。

　フリーソフトの **LibreOffice** などは、Microsoft Office で作成したファイルの編集ができます。最近では **Google ドキュメント**という、オンラインで Office ドキュメントを作成して、保存や共有ができる無料サービスもあります。日常生活では Office ソフトの基本機能しか使わない人がほとんどなので、これらの無料サービスでも十分使えます。

　他の人と資料をやり取りする際の利便性を考えると、Microsoft Office から無料サービスに完全に移ることは難しく、まだまだ Microsoft Office 製品を利用する組織は多いようです。なお、単に Office 文書を閲覧するだけであれば、Microsoft 社から無償で Viewer（閲覧専用のプログラム）が提供されています。

8.5.1 文書作成ソフト

MS-Word（ワード）は Microsoft Office の中の文書作成ソフトです。文書作成のみならず、図形描画・グラフ作成・Web ページ作成・文章校正など、豊富な機能を持っています。Microsoft Office の他製品とデータの相互乗り入れなどで便宜が図られているため、ワード文書内でエクセルの機能を用いたグラフ描画や表計算なども可能になっています。

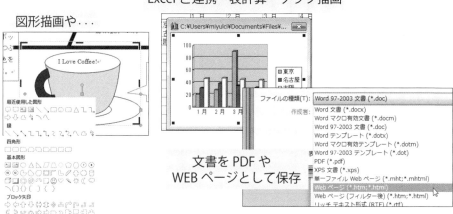

8.5.2 表計算ソフト

MS-Excel（エクセル）は Microsoft Office の中の表計算ソフトです。エクセルには、表計算機能、グラフ機能、データベース機能、マクロ機能など多くの機能があります。よく利用されるのは表計算機能とグラフ機能です。

表計算機能　　下図のように一つのシートは複数の「セル」から構成されており、数式を使ってセル同士の計算ができます。加減乗除の基本的な数式を計算できるだけではなく、あらかじめソフトウェアに多くの関数が用意されており、複雑な計算や文字の加工なども可能です。

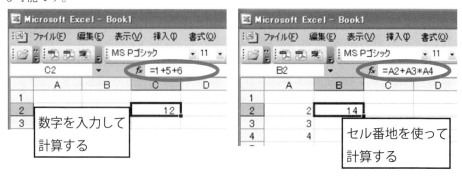

グラフ機能　　　数値をもとにグラフを描画する機能です。グラフを使うとより説得力がある文書が作成できます。また、数値のままでは気が付きにくい関係性を発見するのにも役立ちます。グラフを挿入する際は、目的に適したグラフを選びましょう。どれが適しているか分からない場合にはいくつか試してみるのがよいでしょう。

表 8.3　グラフの使い分け

グラフの種類	用途
棒グラフ	「値の推移」「値の差」を示す
折れ線グラフ	「値の推移」を示す
100%積み上げ棒グラフ、円グラフ	「割合」を示す
散布図	散らばったデータについて相関関係を示す
レーダーチャート	「複数の評価軸」を示す

―― データフォーマットのお話 ――

みなさんは文書を作成するとき「ここは見出し、ここは段落…」と構成要素を考えながらレイアウトを調整していると思います。MS-WORD ではあまり意識することはないかもしれませんが、HTML や XML といったマークアップ言語[a]では文書構造を明確に指定することができます。マークアップ言語の利点は、コンピュータが文書構造を解釈するのを容易にすることです。人間は、文字の太さ・段落の余白などを視覚的に判断して文書構造を理解できますが、コンピュータには簡単ではありません。

以下は HTML と XML で文書構造を記述した例です。

```
HTMLでの記述
<html>
<body>
  <table>
    <tr><td>名前</td><td>山田花子</td></tr>
    <tr><td>生年月日</td><td>1990/04/11</td></tr>
  </table>
  <table>
    <tr><td>名前</td><td>山川太郎</td></tr>
    <tr><td>生年月日</td><td>1991/11/21</td></tr>
  </table>
</body>
</html>
```

```
XMLでの記述
<?xml version="1.0" encoding="Shift-Jis" ?>
<department>
  <person>
    <name>山田花子</name>
    <birthdate>1990/04/11</birthdate>
  </person>
  <person>
    <name>山川太郎</name>
    <birthdate>1991/11/21</birthdate>
  </person>
</department>
```

図 8.5.5　HTML と XML による文書構造の例

このように明確な文書構造を持つファイルはコンピュータでも簡単に解釈ができます。さらに、XML では「テキストがどんな意味を持っているのか」の記述ができます。上の例でいえば、同じ生年月日（birthdate）を持つ人の名前（name）を一括で検索するなど、HTML よりも進んだ活用が可能になっています。

[a] 文章の構造や見栄えに関する指定を文章中にテキストで記述する言語。

> **データベース**
>
> データベースはデータを整理して集積し、検索・活用を容易にするための仕組みです。実用例には、顧客情報の管理、図書情報の管理、検索エンジンなどがあり、私たちも日常的利用しています。
>
> データベースの種類はいくつかありますが、とりわけ長い歴史があるのは「リレーショナルデータベース（Relational Database；RDB）」です[a]。「関係データベース」とも呼ばれます。リレーショナルデータベースには大きな特徴があります。「2次元の表形式で表現される」ことと「複数の表を組み合わせて、リレーション（関連付け）ができる」という点です。
>
> | 学生の履修情報の表 | | | | 開講科目の表 | | | |
> |---|---|---|---|---|---|---|---|
> | 学生番号 | 氏　名 | 授業コード | | 授業コード | 授業名 | 担当教官 | 時期 |
> | B1311A | 鈴木太郎 | MS1209 | | KS4001 | 情報処理 | 新島直樹 | 通年 |
> | A1209B | 山田花子 | KS4001 | | KS3333 | ロシア文学 | 西木真理 | 通年 |
> | A1209B | 山田花子 | MS1209 | | MS1209 | 材料力学 | 田中まりえ | 前期 |
> | | | | | MA2003 | 統計入門 | 坂本雄二 | 前期 |
>
> 図 8.5.6　リレーショナルデータベースの例
>
> 上の例のように、複数の表にまたがってデータを検索することができます。このような表は EXCEL などでも作成できます。見栄えの他にも、どのようにデータを格納すれば再利用しやすくなるかに注意を払ってみるとよいでしょう。
>
> データベースの最大の強みは、多数のアクセスとデータ更新を伴うオンライン取引などの用途でも、処理の一貫性と効率を保つことができるという点にあります。このようなオンラインの処理を行うためには、やはり Excel ではなく、専用のデータベースソフトウェアが必要になります[b]。
>
> ---
> [a] リレーショナルデータベースの概念は、米 IBM のエドガー・F・コッドが 1970 年に発表した論文「A Relational Model of Data for Large Shared Data Banks」で発表され、コンピュータ技術に大きな影響を与えました。
> [b] 商用からフリーのものまで様々です。RDB では、Oracle, MySQL, PostgreSQL などが一般的です。

8.5.3　プレゼンテーションソフト

プレゼンテーションとは、講師が聴衆に向かって対面で説明するコミュニケーション方法です。自分の考えや、複雑で難しい内容を、わかりやすく整理して伝えましょう。

電子プレゼンテーションツールでは、Microsoft 社の **PowerPoint** が有名です。LibreOffice や Google Docs といった無料ツールの中にもプレゼンテーションツールがあります。電子プレゼンテーションツールでは、あらかじめ凝ったテンプレートが用意されていて利用者はそこから好みのデザインを選べます。また、アニメーション効果を付けたり、配布物を簡単に印刷できたりと、プレゼンテーションに必要な様々な機能がそろっています。

8.5.4 プレゼンテーションを組み立てる

プレゼンテーションを作成するときは、まず最初にアウトライン（プレゼンの大まかな流れ）を考えます。それを一枚のスライドに見出しとして書き出しましょう。あとは、このアウトラインに従ってスライドを追加していきます。

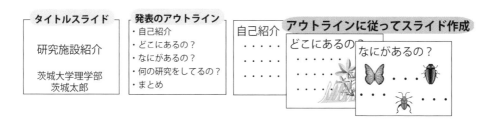

図 8.5.7 プレゼンテーションを組み立てる

(a) スライドを準備する

1. 想定される聴衆に合わせてゴールを決める

   聴衆に予備知識はあるか？聴衆は何を期待しているのか？を考えます。

2. 持ち時間に合わせて細部を省く

   限られた時間です。すべてを詳細に語ろうとしてはいけません。アイデアや研究成果を相手にうまく伝えることが重要です。

3. アウトラインを示す

   プレゼンテーションの大まかな流れ（アウトライン）を聴衆に見せましょう。最初にプレゼンの地図を見せることで、聴衆がついて来やすくなります。長いプレゼンや難しい内容では途中にも入れるとよいでしょう。

4. 文字サイズは大きく

   話す文章をそのままスライドに詰め込むのは無意味です。余白を生かして要点を簡潔に配置しましょう。会場の広さにもよりますが、文字サイズは 24 ポイント以上が望ましいとされています。

5. 図表やアニメーションをうまく使う

   データは図表にまとめて提示しましょう。アイデアを把握しやすいようにしましょう。しつこいアニメーションは使い過ぎると逆効果です。

6. 補助資料も用意する

   いくつかの質問をあらかじめ想定してみましょう。もし図や表があったほうが説明しやすいならば、それらを質疑応答用のスライドとして用意しておきましょう。

(b) 予行練習を十分に行う

1. 自信をつける

   本番は誰しも緊張するものです。リハーサルによって不安要素（時間配分やミスなど）を取り除き、自信をもって本番に臨むことができます。

2. 時間のチェックをする

   持ち時間より大幅に短すぎたり長すぎたりしていませんか？学生の場合は短すぎることの方が多くて「もうちょっと話せるといいね」などとアドバイスされていますね。社会人になると持ち時間を大幅に超過する方も見かけますが、他の人の迷惑になるので真似をしてはいけません。

3. 他人の視点でチェックしてもらう

   知り合いに聞いてもらうと、自分では気づかない問題点がわかります。発表者する当人は常識だと思って省略している部分が実は大事で、そこを説明するとしないとでは聴衆の理解度が大違いということもあります。また、話す際の癖（「あー」「えー」などの語を多発する、やたらと手を振り回すなど）は他人に指摘されないと気が付かないものです。ビデオに録画してチェックするのも効果的です。

4. アニメーションをチェックする

   PowerPoint のバージョンなどが異なるだけでも、意図通りに表示されないことがあります。自前のノートパソコンでプレゼンできない場合には、会場のパソコンで作成したファイルがうまく動くかどうか確認した方がよいでしょう。

(c) 本番！

1. 落ち着いてゆっくり話そう

   「何について話すのか」と同じくらい「どのように話すのか」が重要です。たとえスライドが不完全であっても、落ち着いてプレゼンテーションを進めましょう。緊張すると早口になります。意識してゆっくり目にしましょう。

2. 顔を上げて聴衆に向かって話そう

   聴衆に体を向けて話す場面をいくつか作るだけでも印象が違います。パソコンの画面やスクリーンを見ないで話ができるぐらい内容を頭に叩き込んでおくとよいですね。

3. 手を動かしすぎない

   本人が考えている以上に、意味もなく頭や手を動かしているものです。レーザーポインターをスクリーン上でやたらと動かさないようにしましょう。緊張で手が震え、どうしても光点が定まらない場合には、ポインタを持った手を胴体にくっつけてみましょう。

4. 質疑応答

   固まってしまって何も言わないのが最悪です。「はい・いいえ」で答えられる質問は、まず「はい・いいえ」を答えます。詳しい理由はその後に解答します。即答できない質問であれば、「休憩のときにもう一度説明させてください」、「確かめてからお答えします」、「申し訳ありませんが、分かりません」と言って構いません。

8.6 演習問題

練習 1. リテラシー（literacy）とは読み書き能力・教養があることを意味していましたが、現在ではより広い意味で使われています。現在はどのような意味で使われているのか、様々な手段を利用して調べてみましょう。

練習 2. 下表を使って、会話、テレビ番組、書籍、掲示板、メール、ブログ等の情報伝達方法を分類しましょう。

	一方向	双方向
アナログ		
ディジタル		

練習 3. 新聞記事や広告などから、相関関係と因果関係を混同している文章を見つけ、どこが問題か指摘してみましょう。

プレゼンテーションが流行中

TED（テド；Technology Entertainment Design） TED では、様々な分野で活躍する人物がプレゼンテーションを行い、インターネット上に無料で動画配信されます。動画のほとんどは英語ですが、日本でも人気があり、まとめサイトや字幕付きの動画もあります。

日本語版サイト URL http://www.ted.com/translate/languages/ja

SlideShare（スライドシェア） Web サイト上でプレゼンテーションのスライドを共有できるサービスです。アップロードできるファイル形式は、Microsoft 社製 Office、OpenOffice、Apple Keynote、動画ファイル、PDF など多様です。日本語のスライドもアップロードされています。

サイト URL http://www.slideshare.net/

第 9 章

コンピュータの基本

9.1 コンピュータの歴史

名前からもわかるように、コンピュータはそもそもは計算（compute）の道具でした。計算の道具の起源は古く、メソポタミアの砂そろばん、ローマ式アバカス、中国における紐の結び目や算木を使った計算方式、まで遡ることができます。これらは計算過程の状況を保持するための道具であり、実際の「計算」の部分は人間が行う必要がありました。この「計算」の部分をなんとか自動的に行いたいという欲求がコンピュータを生み出しました。

次のページにコンピュータの歴史年表を示します。始めの頃は、計算機構を実現するための基盤技術の進化の歴史であり、1600 年代以降、機械式、電気式、真空管、トランジスタ、IC、LSI、VLSI、と変化してきました。複雑な計算の手順（プログラム）をソフトウェアの形で記述・内蔵するノイマン型コンピュータの出現以降は、ソフトウェアの進化の歴史になっていることがわかります。

9.2 様々な形のコンピュータ

皆さんがコンピュータと聞いて普通に思い浮かべるのは「パソコン」、つまりパーソナルコンピュータ (Personal Computer；PC) [1]ではないでしょうか。パソコンは個人が専用に使うことを想定して作られています。我々の身の回りには様々な形のコンピュータがあります。

9.3 ハードウェアとソフトウェア

コンピュータはハードウェアとソフトウェアから構成されます。ハードウェアとは、大雑把に言えば、手で触れることができる装置・物のことです。ディスプレイ、キーボード、マウス、演算装置、メモリなどはハードウェアです。CD や DVD のメディア（媒体）もハードウェアです。これに対し、ソフトウェアとは手で触れることができないものです。メモリやハードディスクに格納されたプログラムや、CD や DVD に記録された音楽、映像などはソフトウェアです。

---

[1] パーソナルコンピュータという言葉は、1962 年 11 月 3 日のニューヨークタイムス紙の記事の中で初めて使われました。将来のコンピュータに関する見通しとして「普通の子供達がコンピュータを使いこなすであろう」と述べています。

表 9.1 コンピュータの歴史

機械式	1623	ヴィルヘルム・シッカートによる歯車式計算機
	1645	ブレーズ・パスカルによる歯車式加減算機
	1672	ゴットフリート・ライプニッツによる歯車式乗除算機
	1822	チャールズ・バベッジが計算エンジン構想（数表作成、試作機製作）
電気式	1884	ヘルマン・ホレリスが「統計データの集計技法」に関する特許を取得
		エジソンが2極真空管の特許を取得
	1890	米国の国勢調査にホレリスの開発したパンチカードシステムを使用
	1906	フォレストが3極式真空管を発明
	1925	陸軍の多田禮吉がアナログの電気式計算機を開発
真空管	1936	チューリングがチューリングマシンという仮想的概念を発表。
	1937	アイオワ州立大学 J.V.アタナソフと大学院生クリフォード・ベリーが280本の真空管からなる電子計算機 Atanasoff-Berry Computer（ABC）を開発。（試作機のみだが世界初の電子計算機といわれている）
	1943	シャノンが、ブール代数の公理系を電子回路として表現できることを提示。ローレンツ SZ42 暗号解読のために真空管 2500 本からなる Colossus をイギリスで開発
	1945	ペンシルバニア大学の J.P.エッカートと J.W.モックリーが弾道計算用に 18800 本の真空管からなる ENIAC（Electronics Numerical Integrator Computer）を開発
	1947	ノイマンがプログラム内蔵式計算理論を発表
		ベル研究所のショックレー、バーデン、ブラッデンがトランジスタを発明
	1949	英国ケンブリッジ大学のモーリス・ウィルクスがノイマン型コンピュータの EDSAC（Electronic Delay Storage Automatic Calculator）を開発
	1956	富士写真フィルムの岡崎文次が写真用レンズ設計計算用に 1700 本の真空管を使ったプログラム内蔵電子計算機 FUJIC を開発
トランジスタ	1958	IC が発明される
	1959	IBM が全トランジスタ式電子計算機 IBM7090 を発表
LSI	1968	米国 Texas Instruments 社が LSI を開発
	1971	テッド・ホフと嶋正利が世界初のマイクロプロセッサ Intel 4004（4bit）を開発
		DEC のミニコン PDP-11 に Unix が移植された。
	1974	CP/M（Control Program for Micro Computer）を開発
	1976	Apple 社がワンボードパソコン Apple I を発表（8bit。現在のパソコンの原型）
VLSI	1981	IBM Personal Computer 5150（16bit。OS は PC-DOS（MS-DOS の OEM））、NEC コンピュータ：PC-6001、PC-8801（8bit）
	1982	NEC PC-9801（16bit。OS は MS-DOS）
	1984	IBM PC/AT（16bit。CPU は 80286（6MHz）、HDD は 10MB）
		Apple Macintosh（16bit。CPU は MC68000（8MHz）。GUI を商用化した初のパソコン）
近年の OS	1990	Windows 3.0 を発表
	1993	日本で Windows 3.1 発売
	1995	Microsoft Windows 95 発売
	2001	Microsoft Windows XP 発売
		Apple MacOS X（Unix ベース）を発表
	2007	1月 Microsoft Windows Vista 発売
		1月 Apple iPhone を発表
		11月 Android 発表
	2009	Windows 7 発売
	2010	Apple iPad を発表
	2012	Windows 8 発表
	2015	Windows 10 発表

ラックマウントサーバ — ネットワークを通してサービスを提供するもので、用途によってWebサーバやデータベースサーバ、メールサーバなどと呼ばれる。連続稼働に耐える、同時に多数の接続に対応できる、といった堅牢で高い性能が求められる。特別なラックに固定され、空調や電源などを制御できる場所に置かれる。

デスクトップ型PC — 机上などに設置して利用するパソコン。本体とディスプレイが分離しているタワー型と一体のものとがある。タワー型では液晶ディスプレイやキーボードを自由に選択・接続でき、内蔵部品の交換・追加なども容易である。

ラップトップ型PC（ノートPC） — 持ち運ぶことをを前提として設計されている。デスクトップ型とほぼ同等の性能をもつものから、可搬性を重視して機能を削ったウルトラブックと呼ばれるものまである。狭いスペースに部品を配置することから発熱・消費電力・重量などを考慮した作りになっており、一般に同一性能のデスクトップ型より価格が高くなる。

タブレット — 本体の一面全体がタッチパネル式のディスプレイになっており、ハードウェアとしてのキーボードを備えないのが普通。外見は同じように見えても、内部構造がパソコンと同じものとスマートフォンに近いものとがある。

携帯電話 — 初期の携帯電話は組み込みコンピュータに近い設計で、専用のプログラムが組み込まれていた。しかし現在主流となりつつあるスマートフォンでは、ほとんどパソコンと同じような内部構造であり、「アプリ」と呼ばれるプログラムで機能が追加できる。

組み込みコンピュータ — 電化製品や産業機械の制御のためのコンピュータ。コピー機、炊飯器、自動車など、身の回りの様々な製品に組み込まれている。特定機能を実現すればよいため各製品に特化した構成である。

様々なコンピュータ

9.4 ハードウェアの構成

パソコンの性能を大きく左右するのは「CPU（Central Processing Unit；中央演算装置）」「メモリ」「外部記憶装置」の三つの要素です[2]。また現在では、ネットワーク通信の性能も無視できません。それぞれ次のような役割があります。

CPU	コンピュータの頭脳。計算処理を行う。
メモリ	実行中のプログラムや処理対象のデータを記憶する
外部記憶装置	電源を切ってもデータが失われない記憶装置
ネットワーク	外界とデータをやり取りを行う

これらの性能を測る際の主な指標は「速度」と「容量」です。一般にCPUに近いほど高速にアクセスできますが、価格が高価なため、容量をあまり大きくすることができません。一方、外部記憶装置はアクセスには時間がかかりますが、大容量のものを用意することができます。性能を表すときの単位については9.6.2節を参照してください。

それでは、以下ではCPU、メモリ、外部記憶装置、ネットワーク、それぞれの基盤技術がどのように変遷してきたか見てみましょう。

図9.4.1 CPUと記憶装置の速度

9.4.1 CPU

現在主流のCPUは「マイクロプロセッサ」と呼ばれ、CPUの機能をひとつのIC（Integrated Circuit；集積回路）で実現しています。マイクロプロセッサが登場するまでは、多数のICを組み合わせてCPUの機能を実現していました。ICとは、シリコンなど半導体の上にトランジスタや抵抗器を並べたものです。1971年に

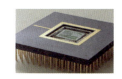

図9.4.2 CPU

インテル社が発売した「Intel 4004」が世界初の商用マイクロプロセッサです。表9.2のように年々集積度が増し、計算機能が向上しています。現在では集積度が高いICが一般的になったことから、わざわざ集積度によって区別することはなくなりました。

CPUにはいくつもの種類があり、処理性能がそれほど高くないものの消費電力が少ないもの、消費電力は大きいが非常に高い処理性能をもつもの等、があります。CPUの処理性能とは、わかりやすくいえば、単位時間あたりどのくらいの情報を処理できるか、ということです。大雑把にいうと、ビット数、コア数、動作周波数などに左右されます。

---

[2] パソコンの性能は、CPUやメモリだけでなく、それらを接続する部品などの総合的なバランスで決まります。材料となる物質の研究、高集積化の研究、伝送方式の改良など様々な取り組みが行われています。

表 9.2 IC の集積度の変化

	略称・英語の呼称	日本語の呼称	素子の数
1950 年代	IC（Integrated Circuit）， SSI（Small Scale Integration）	集積回路 小規模集積回路	数個〜100 個
1960 年代	MSI（Medium Scale Integration）	中規模集積回路	100〜1000 個
1970 年代	LSI（Large Scale Integration）	大規模集積回路	1000〜10 万個
1980 年代	VLSI（Very Large Scale Integration）	超規模集積回路	10 万〜1 億個
	ULSI（Ultra Large Scale Integration）	極超規模集積回路	1 億個〜

ビット数 ビット数は、CPU が一度に取り扱える情報の標準的なサイズが何ビットであるか、を示したものです。最近は 64bit のものが増えてきました。

動作周波数（単位：Hz） パソコンの性能表を見ると、CPU の欄に「2.66GHz」「3.5GHz」などと書いてあります。動作周波数は、CPU が演算を行うタイミングの細かさを決めるもので、一般にこの数値が大きいほど高速になります。高速な CPU を使用する場合には、メモリなどの周辺の部品も高速に動作するタイプが必要になります。

コア数 コアとは、CPU のなかで特に命令を処理する中核となる部分です。コアを複数持つ CPU をマルチコア CPU といいます。2005 年に商用として一つの CPU のなかに 2 つのコアをもつデュアルコア（Dual Core）CPU が発売されました。マルチコアの CPU は複数の処理を並行して進めることができることから、処理の順番待ちが起こりにくく、より多くの命令をスムーズに処理できます。

CPU のビット数と性能

32bit の CPU と 64bit の CPU では性能はどの程度違うのでしょうか？

bit だとイメージしにくいので 10 進表現で考えてみましょう。10 進表現での加算（11118888+44443333）を考えてみます。8 桁を一度に取り扱える CPU ならば、この計算は 1 回の演算でできます。それに対して一度に 4 桁までしか計算できない CPU の場合には、8888+3333、1111+4444、1+5555 と繰り上がりの処理も含めると 3 回の演算が必要です。

```
    8桁で計算すると           4桁で計算すると
        1 1 1 1 8 8 8 8          1 1 1 1   8 8 8 8
    +   4 4 4 4 3 3 3 3      +   4 4 4 4   3 3 3 3
(1)     5 5 5 6 2 2 2 1              1   2 2 2 1  (1)
                                 5 5 5 5            (2)
                                 5 5 5 6   2 2 2 1  (3)
```

64bit は 32bit に比べて一度に処理するデータの量が 2 倍です。しかし処理によっては、2 倍以上の性能を出すことができるのです。

9.4.2 メモリ

コンピュータが実行するプログラムやデータを配置するための場所をメモリと呼びます。CPU の高速な読み出し／書き込みに対応しなければならないので、一般に高速な半導体素子で構成されています。メモリは記憶を保持し続けるために電力を供給しつづける必要があり、スイッチを切ると内容が消えてしまいます。

図 9.4.3 メモリ

新しいパソコンほど CPU が高速になっているため、メモリも応答速度の速いものが使われています。メモリの容量は、パソコンの初期には数 kByte 程度でしたが、現在では数 GByte（ギガバイト）が普通です。デスクトップ用とノート用（省スペース用）とではメモリの形が異なり、またデータの転送速度など細かい規格の違いがあります。これらの情報は、増設や交換をする人以外はまず気にする必要はありません。

なお一般論としてメモリの容量は大きいほうがコンピュータ全体としての性能が良くなります。メモリが少ないと、大きなプログラムを動かしたり大きなデータを処理したりすることが難しくなります。少ないメモリで大きなプログラムを動かそうとしても、途中でメモリが足りなくなり動かなくなります。作業データの一部を次項の外部記憶装置に一時退避することで、なんとか処理を継続する方式もありますが、ハードディスクなどからデータを読み書きする速さはメモリに比べてかなり低速であるため、全体の処理速度は急激に低下します。

9.4.3 外部記憶装置

プログラム本体や処理したデータを保存しておくためには、電源供給が止まっても内容が消えない記憶装置に記録しておく必要があります。このような記憶装置を、外部記憶装置や補助記憶装置と呼びます。メインメモリよりもはるかに大容量であることが一般的です。

外部記憶装置として現在最も普及しているのが **HDD**（ハードディスク・ドライブ）です。現在の PC では、数 TB 程度の容量をもつものが組み込まれていることが多いようです。高速で回転する薄いディスクに磁気信号としてデータを記録し、アームという可動部分の先端についた磁気ヘッドをディスクにかざすことで読み書きしています。構造上、基本的には衝撃に弱く、物理駆動系があることからコンピュータを構成する部品の中では比較的故障率が高めです。

図 9.4.4 ハードディスク

最近では、内部にフラッシュメモリを用いた **SSD**（Solid State Drive；エスエスディー）も普及し始めています。HDD に比べると読み書きが高速で省電力で衝撃にも強いといった特徴があります。しかし同じ容量の HDD と比べるとまだかなり高価です。SSD と HDD を組み合わせて、良いとこ取りをした一つの記憶装置に見せかける技術も登場しています。

HDD や SSD は通常パソコンの本体に組み込まれており、簡単に取り外して他所に持っていくことができません。そこで取り付け／取り外しが簡単にできる記憶装置として、**リムーバブルメディア**（Removable Media）があります。

リムーバブルメディアで一般的なのは **USB メモリ**で、年々大容量化が進んでいます。電源を切っても内容が消えないフラッシュメモリと呼ばれるメモリ素子が使われています。容量も数 GB 以上のものが安価に売られるようになりました。

図 9.4.5　USB メモリ

通信速度が少し遅くてもいいから、より大容量のリムーバブルメディアが必要な場合には、USB で接続するポータブル HDD という選択肢があります。上述のように HDD は基本的に衝撃に弱い構造なので、手荒に扱わないようにしましょう。

安価なリムーバブルメディアとしては、CD-R や DVD-R などの**光学メディア**もよく利用されています。光学メディアは一見するとどれも同じように見えますが、読み出し専用、一度だけ記録できるもの、追記および全消去だけができるもの、自由に読み書きができるもの、など様々な規格があります。またメディアをセットするドライブ側がそのメディアに対応しているかどうかにも注意が必要です。最近は光学ドライブをもたないパソコンも増えてきました。

表 9.3　光学メディア

光学メディア	特徴
CD-ROM	工場で作成された時点でデータが記録されており、書き換えられない。
CD-R	一度だけ記録できる。容量は 640MB～700MB 程度。
CD-RW	追記ができる。全データの消去ができる。
DVD-ROM	工場で作成された時点でデータが記録されており、書き換えられない。
DVD-R	一度だけ記録できる。容量は 4.7GB 程度。
DVD-RW	データの消去や再利用が可能。
DVD-RAM	読み書き可能。対応していない一般の DVD ドライブでは読めない。

USB

USB（Universal Serial Bus；ユーエスビー）はパソコン用に周辺機器を接続するための規格です。USB メモリ以外にもキーボードやマウスなど様々な機器を繋ぐことができます。USB の規格には USB1.1, USB2.0, USB3.0 などの規格があり、それぞれ最大転送速度が 12Mbps, 480Mbps, 5Gbps と高速化しています。USB3.0 の性能を最大限に発揮するには、パソコンと接続する機器（USB メモリ等）の両方が対応している必要があります。

9.4.4 ネットワーク機能

現在のパソコンは、ネットワークに接続して利用することが当たり前になっており、単体で使うことはまず考えられません。ケーブルで接続する有線接続と、電波で接続する無線接続があります。

現在の PC の有線インターフェースは、1Gbps の通信速度をもつ Gigabit Ethernet という種類が一般的です。UTP ケーブルと呼ばれるケーブルで接続します。

無線 LAN は、ケーブルで接続する代わりに電波でネットワークに接続する方式です。ラップトップ型 PC やタブレットなどのポータブルな情報機器は、無線接続に対応しているのが普通です。無線 LAN には使用する周波数、到達する距離などによって様々な規格があります。現在 主に利用されるのは、2.4GHz 帯を利用する IEEE 802.11b/g/n と、5GHz 帯を利用する IEEE 802.11a/n/ac という規格です。利用できる周波数帯と最大伝送速度は表 9.4 の通りです。

表 9.4　無線 LAN の最大伝送速度

規格	帯域	最大伝送速度
IEEE 802.11b	2.4GHz	11Mbps
IEEE 802.11g	2.4GHz	54Mbps
IEEE 802.11a	5GHz	54Mbps
IEEE 802.11n	2.4GHz/5GHz	600Mbps
IEEE 802.11ac	5GHz	6.93Gbps

9.5　ソフトウェアの構成

パソコン、ゲーム機、スマートフォンなどは「汎用コンピュータ」というカテゴリに分類されます。これらは同じハードウェアでも、目的に応じてソフトウェアを取り替えることで様々に異なる処理を行うことができることから「汎用」と呼ばれます。専用目的の組み込みコンピュータの場合には、ソフトウェアは制御プログラムということになり、通常、書き換えができないメモリに記録されています。

パソコンのソフトウェアは、「オペレーティングシステム」と「応用目的ごとのソフトウェア」とに分けられます。「応用目的ごとのソフトウェア」は、アプリケーションソフトウェアと呼びます。汎用コンピュータ上で実行されるソフトウェアには、アプリケーションの目的によらず共通な処理が多く存在します。この部分を一つの専用のソフトウェアとしてまとめたものがオペレーティングシステムの始まりです。

9.5.1 オペレーティングシステム

オペレーティングシステム（Operating System；OS）とは、アプリケーションとハードウェアの間、あるいはコンピュータと人の間をつなぐ橋渡しの機能を提供するソフトウェアです。基本ソフトウェアと呼ぶこともあります。

コンピュータで動作するOSには様々なものがあります。パソコン用のOSとしてはMicrosoft社のWindowsやApple社のMacOS、オープンソースから発展したLinux（リナックス）などが有名です。サーバ用途ではUnixやWindows Serverが多く利用されています。最近急速に広まっているスマートフォンやタブレット型端末では、Apple社のiOSやGoogle社のAndroidなどがあります。

OSの役割は「ハードウェアの抽象化」「リソース（資源）の管理」「コンピュータの利用効率の向上」です。

- (a) **ハードウェアの抽象化** ハードウェアに対する煩雑な処理命令はOSに備え、アプリケーションが使いやすい形に整えて提供します。またハードウェア構成の差異を吸収することで、アプリケーション開発を容易にします。ハードウェアに依存する部分は、図9.5.6に示すように、**デバイスドライバ**という形で交換できるようにするのが一般的です。
- (b) **リソースの管理** 複数のアプリケーションソフトウェアが並行して動く場合でも、資源要求の競合が起きない限りは互いに独立して動作することができるように資源を管理します。競合が起きた場合には適切に処理（待機命令、エラー返しなど）を行います。
- (c) **コンピュータの利用効率の向上** 複数のタスクが実行される場合に、コンピュータ全体として見たときの処理効率が良くなるように、各タスクの順番や時間配分を調整します。

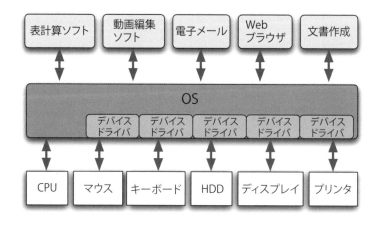

図 9.5.6 アプリケーションとOSとハードウェアの関係

商用OSは、あらかじめPCにインストールされた状態で出荷される場合には、多くのハードウェアに対するデバイスドライバがついてくるので、購入してすぐ利用できるようになっています。新たに開発された周辺機器の場合には、周辺機器を販売・提供するメーカーが主要な

OSに対応したデバイスドライバを作成・配布します。適切なデバイスドライバをOSに追加することで、新製品でも利用できるようになるのです。

同じハードウェアで異なるOSを使うこともできます。例えば、Windowsで使っていたPCのOSを入れ替えて、Linuxで使うようにすることができます。がんばれば1台のハードディスクに2種類のOSを入れて、PC起動時にどちらのOSを使うか選択できるようにすることもできます。またVMwareのような仮想化ソフトを使うことで、Windows上でLinuxを動作させたり、またその逆にLinux上でWindowsを動作させたりすることができます。この場合、他方のOSは、単なるアプリケーションソフトウェアと同様な扱いとなります。

9.5.2 アプリケーションソフトウェア

アプリケーションソフトウェアは、ある特定の応用目的のためのソフトウェアです。文書を作成するためのワードプロセッサ、統計計算やグラフ作成などに便利な表計算ソフトウェア、プレゼンテーション用のソフトウェア、インターネット上のWebサイトを閲覧するためのソフトウェアなどは、すべてアプリケーションソフトウェアです。他にも音楽再生、動画編集、ゲーム、ファイル共有ソフトウェア、などもあります。

アプリケーションソフトウェアは、OSの機能を利用しながら目的の機能を実現しているので、ある特定のOS用に作られたアプリケーションを他のOS上で動かすことは通常できません。アプリケーションソフトウェアを購入するときには、自分のパソコンがどのOSで動作しているのかを把握する必要があります。

9.6 情報の表現

9.6.1 アナログとディジタル

私たちに身の回りにある情報の多く、例えば、音声、音楽、人間の動作、映像は、時間的・空間的に連続な値を持つデータなので、アナログデータ（Analog Data）と呼ばれます。これに対して、現代のコンピュータでは、情報をディジタルデータ（Digital Data）として取り扱っています。「digital」という言葉はdigitの形容詞形です。digitはラテン語のdigitusからきており、「指」という意味と「数字」という意味があります。指を折って数えられる＝数字で情報を表現することがディジタルの本質です。「数字」で表現する以上、データは離散的な値となります。

9.6.2 情報の単位

2つの状態を区別できるのが、最も小さい情報の単位です。2つの状態に対して「0」と「1」を割り当てることで、2進表現と対応づけることができます。「2進表現での数字（binary digit）」から、この最小単位をビット（bit）と呼びます。

現代のコンピュータの内部では、情報は 2 進表現 (binary) が用いられます。これは 2 進表現の「0」「1」を電流やスイッチの ON・OFF に対応づけることが容易であり、また電気的に高速に制御することができるからです。もちろん 1 ビットだけでは「0」「1」の 2 通りの状態しか表現できません。しかし 2 ビットあれば 00、01、10、11 の 4 通りの状態が表現できます。コンピュータで情報を処理するときには、このように対象を表現するのに必要なだけの複数のビットを準備します。例えば、英字のアルファベット (26 文字) を表現したいならば 5 ビットあれば十分です。大文字、小文字、数字、あといくつかの記号も表現したいとなると 7 ビットは必要です。

表 9.5 ビット長と表現できる状態数

1 桁	2 桁	3 桁	4 桁	n 桁
0	00	000	0000	00...000
1	01	001	0001	00...001
	10	010	0010	00...010
	11	011	0011	00...011
		100	0100	:
		101	0101	:
		110	0110	:
		111	0111	:
			:	11...110
				11...111
2 状態	4 状態	8 状態	16 状態	2^n 状態

大きな情報の量を表すときに使う単位としては、ビットはちょっと細かすぎます。そこで一つの固まりとして処理をする単位として、バイト (byte)[3] があります。現在では 1byte=8bit と考えてよいでしょう[4]。SI 単位系では bit を表すときは「b」、byte を表すときには「B」を使います。これで「このデータを 32 ビットで表そう」の代わりに「このデータを 4 バイトで表そう」といった言い方ができるようになります。いずれの場合でも、そのデータの中味が 32 個の「0」と「1」であることに変わりありません。

ビット数が多くなってくると「0」と「1」を並べて記述するのが大変になってきます。そこで、より少ない桁数で表記できるように、8 進表現 (octal) や 16 進表現 (hexadecimal)[5] を使うことがよくあります。8 進表現や 16 進表現は桁の区切りが 2 進表現の桁の区切りと一致するので相互に変換しやすいのです。2 進表現を (下の桁から) 3 ビットずつ一塊にして、「000」〜「111」に「0」〜「7」の数字を割り当てると 8 進表現になります。また 2 進表現を (下の桁から) 4 ビットずつ一塊にして「0000」〜「1111」に「0」〜「9」、「A」〜「F」の数字を割り当てると、16 進表現になります。

---

[3] ひとかじり (bite) にかけたといわれています。
[4] 歴史的には 1byte=7bit や 1byte=12bit のコンピュータも存在したのです。
[5] プログラミング言語によって、0A3Fh, 0x0A3F のような独自記法があります。

表 9.6　よく使われる単位の表記方法

容量等	SI 接頭辞での単位		2 進接頭辞での単位
	1B（バイト）	=8 ビット	
	1kB（キロバイト）	=10^3 バイト	≈ 2^{10} バイト=1KiB（キビ）
	1MB（メガバイト）	=10^6 バイト	≈ 2^{20} バイト=1MiB（メビ）
	1GB（ギガバイト）	=10^9 バイト	≈ 2^{30} バイト=1GiB（ギビ）
	1TB（テラバイト）	=10^{12} バイト	≈ 2^{40} バイト=1TiB（テビ）
	1PB（ペタバイト）	=10^{15} バイト	≈ 2^{50} バイト=1PiB（ペビ）
	1EB（エクサバイト）	=10^{18} バイト	≈ 2^{60} バイト=1EiB（エクシビ）
	1ZB（ゼタバイト）	=10^{21} バイト	≈ 2^{70} バイト=1ZiB（ゼビ）
伝送速度等	1MBps（メガバイト毎秒）	=10^6 バイト毎秒=8×10^6 ビット毎秒	
	1Mbps（メガビット毎秒）	=10^6 ビット毎秒	
	1Gbps（ギガビット毎秒）	=10^9 ビット毎秒	
	1Tbps（テラビット毎秒）	=10^{12} ビット毎秒	

---

r 進数と表記法

r 種類の記号を使った数の表現方法を r 進表現といい、また r のことを基数といいます。

私たちが日ごろ使っている数の表記法は「10 進表現（decimal）」といい、一つの桁に 0～9 までの 10 種類の記号（数字）を使います。1 桁では 0～9 までの十種類の状態を、2 桁では 0～99 までの百種類の状態を表せます。

単に「11」と書いただけでは、それが 10 進表現の「じゅういち」なのか、2 進表現の「いちいち」なのかわかりません。そこで、文脈上、何進表現なのかを明示する必要があるときには、次のように書き表します。なお N の部分は 10 進表現です。

$(01010011)_N$ · · · かっこ内の数字列が N 進表現であることを表す。

ある数を異なる基数を用いた表現に変換することを、基数変換といいます。

$(1001)_2 = (11)_8$　　$(10110011)_2 = (B3)_{16}$

以下に 2 進数、3 進数、8 進数、10 進数、16 進数の対応表を示します。

2 進数	3 進数	8 進数	10 進数	16 進数
01	1	1	1	1
10	2	2	2	2
11	10	3	3	3
100	11	4	4	4
101	12	5	5	5
110	20	6	6	6
1000	22	10	8	8
1010	24	12	10	A
1111	120	17	15	F
10000	121	20	16	10
11111111	100110	377	255	FF

ディジタルデータはなぜノイズに強いのか

ディジタルデータはよく「ノイズに強い」といわれますが、これはなぜなのでしょう？

ディジタルデータを記録するときには、下図のようにメディアによって電圧の高低、溝の深さ、穴の有無など、0と1をどう表現するかは異なりますが、何らかの媒体上の物理量として表現することになります。

媒体	0と1の表現		特徴
磁気テープ フロッピーディスク	磁気	N / N	読出し可・書込み可 繰返し利用可, 不揮発性
集積回路(IC)	電圧	─ ／⊓	ローとハイの2状態は閾値によって分けられる
紙テープ, 紙ガード	穴	□ ●	読出し可 繰返し利用不可, 不揮発性
CD-ROM, DVD-ROM	窪み	▬ ／⊔	読出し可 繰返し利用不可, 不揮発性
CD-R/W, DVD-R/W	色	━ ━	読出し可・書込み可 繰返し利用可, 不揮発性
DRAM (メインメモリなどで利用)	電荷	┴ ┴	読出し可・書込み可 繰返し利用可, 揮発性

揮発性…ここでは、電源を切ると情報が失われる性質のことを指す。

図 9.6.7　いろいろな媒体での 0 と 1 の表現

仮に、電圧で「1」「2」「3」の3種類の情報を表現することを考えます。「1」は0V、「2」は2Vで、「3」は4Vの電圧で表現することにします。

本来4Vの電圧が少し変化して3.4Vになったとします。これは4Vではないので厳密にはもはや「3」を表していません。しかし0V、2V、4Vの中では4Vに最も近いことから、高い確率でもともとは4Vだったのではないかと推測でき、「3」という情報が取り出せます。このように媒体上の物理量が少し変動しても、「表現している内容」を正しく取り出せるのがディジタルの利点です。

逆にいえば、物理量がある許容量を超えて変化してしまうと、「表現している内容」が完全に変わってしまう、ということでもあります。例えば2Vの信号が0.4Vまで下がってしまったら、それがもともと「2」を表現していたとはわからず、おそらく「0V」から変動したのではないかと思われるでしょう。

「表現している内容」が変わってしまうほどの変化（一般に「誤り」といいます）は、実は様々な物理的要因で簡単に発生します。それでもディジタル情報が壊れている状況を我々がほとんど目にしないのは、誤りが発生したことを周りの情報との関係から計算によって検出し、誤りの程度によっては修復することができる手法（この技術は「誤り訂正」といいます）が組み込まれているからなのです。こういった処理ができるのもディジタルならではの利点です。

9.6.3 表現と解釈

コンピュータの中に「01101010」というビット列が格納されていたとしましょう。これは何を意味しているのでしょうか？

妙に思うかもしれませんが、実は解釈によってどうとでも変わるのです。「106 という数値を（2 進表現で）格納している」のかもしれません。「先頭からの位置が自然数に対応していて、その数が素数か否かを格納している」のかもしれません。あるいは、「加算を指示する命令」かもしれません。本当の答えは、この情報を格納した人（プログラマー）に聞くしかありません。

いいかえれば、どういう情報をどういうビット列で表現するかは、人間が自由に決めてよいのです。しかし他の人、他のプログラム、他のコンピュータとコミュニケーションをとる（データをやり取りする）ためには、ビット列をどのように解釈するのかについて、送り手と受け手の双方が同じように理解している必要があります。「0」と「1」に変換する方法（符号化法）を定めることで、文字、音楽、画像など様々な情報を取り扱い、相互にやり取りすることができるようになります。

9.6.4 文字の表現

コンピュータで文字を扱うことができるのは、ひとつひとつの文字に数値が対応づけられているからです。個々の文字に数値を割り当てたものを「文字コード」といいます[6]。

「文字コード」を作るときには、まず「どの文字を表現するか」を決めます。これが「文字集合」です。当初はアルファベット、数字、記号、それにいくつかの制御用の「特殊文字[7]」が表現できれば十分だったので、128 種類のものが表現できる 7 ビットの数値で表現する文字コードが割り当てられました。その後いくつかの拡張が行われ、256 種類のものを表現できる 8 ビットがキリのよい大きさとなりました。

日本では最初、8 ビットの文字コードのうち、あとから拡張された部分に片仮名（だけ）が割り当てられました。このときに濁点や半濁点も「ひとつの文字」として登録されたのです[8]。しかし片仮名だけでなく、我々が日常的に使う平仮名や漢字も扱おうとすると、8 ビットでは全然足りません。日本語の文字コードは、「使用する文字集合の範囲をどのようにするか」や「数値を割り当て方をどのようにするか」などについて歴史的に複雑な経緯があり、複数の方法が混在している状況です。

我々が文字コードを意識することはあまりないかもしれません。しかし、アプリケーションが文字コードの判別に失敗すると、いわゆる「文字化け」という現象が起きます。Web ブラウザで文字化けが発生した場合には、「文字コード」や「エンコーディング」といった項目を手動で指定することで、文字化け状態を解消することができます。

---

[6] 文字がどのように画面上でどのような形で表示されるかは、文字コードの役割ではありません。文字の見え方を決めるのはフォント描画の役割で、画像処理の一種です。

[7] 改行、改ページ、バックスペース、タブなど。

[8] 様々なオンラインシステムで氏名のフリガナを入力するときに、この名残を見ることができます。

現在、我々の身の回りでよく使われている文字コードには以下のものがあります。

- ASCII（American Standard Code for Information Interchange）
- JIS コード（Japan Industrial Standard Code）
- シフト JIS コード（Shift JIS Code）
- EUC（Extended Unix Code）
- Unicode

ASCII（アスキー） ASCII ではラテン文字（アメリカ標準規格）を文字集合としています。128 文字（アルファベット、数字、記号、制御コード）で構成され 7bit で表されます。その後 8bit に拡張され、アクセント記号付き文字やアラビア文字なども表せるようになりました。図 9.6.8 に 7bit ASCII の文字コード表を示します。

10進	16進	文字	10進	16進	文字	10進	16進	文字	10進	16進	文字	10進	16進	文字	10進	16進	文字	10進	16進	文字	10進	16進	文字
0	00	NULL	16	10	DEL	32	20	スペース	48	30	0	64	40	@	80	50	P	96	60	`	112	70	p
1	01	SOH	17	11	DC1	33	21	!	49	31	1	65	41	A	81	51	Q	97	61	a	113	71	q
2	02	STX	18	12	DC2	34	22	"	50	32	2	66	42	B	82	52	R	98	62	b	114	72	r
3	03	ETX	19	13	DC3	35	23	#	51	33	3	67	43	C	83	53	S	99	63	c	115	73	s
4	04	EOT	20	14	DC4	36	24	$	52	34	4	68	44	D	84	54	T	100	64	d	116	74	t
5	05	ENQ	21	15	NAK	37	25	%	53	35	5	69	45	E	85	55	U	101	65	e	117	75	u
6	06	ACK	22	16	SYN	38	26	&	54	36	6	70	46	F	86	56	V	102	66	f	118	76	v
7	07	BEL	23	17	ETB	39	27	'	55	37	7	71	47	G	87	57	W	103	67	g	119	77	w
8	08	BS	24	18	CAN	40	28	(	56	38	8	72	48	H	88	58	X	104	68	h	120	78	x
9	09	HT	25	19	EM	41	29	)	57	39	9	73	49	I	89	59	Y	105	69	i	121	79	y
10	0A	LF	26	1A	SUB	42	2A	*	58	3A	:	74	4A	J	90	5A	Z	106	6A	j	122	7A	z
11	0B	VT	27	1B	ESC	43	2B	+	59	3B	;	75	4B	K	91	5B	[	107	6B	k	123	7B	{
12	0C	FF	28	1C	FS	44	2C	,	60	3C	<	76	4C	L	92	5C	\	108	6C	l	124	7C	|
13	0D	CR	29	1D	GS	45	2D	-	61	3D	=	77	4D	M	93	5D	]	109	6D	m	125	7D	}
14	0E	SOH	30	1E	RS	46	2E	.	62	3E	>	78	4E	N	94	5E	^	110	6E	n	126	7E	~
15	0F	SI	31	1F	US	47	2F	/	63	3F	?	79	4F	O	95	5F	_	111	6F	o	127	7F	DEL

背景がグレーの文字は制御文字である

図 9.6.8 7bit ASCII の文字コード表

JIS コード（ジスコード） 日本工業規格（JIS）で定められた文字コードで、厳密には複数の規格があります。まず、日本語には膨大な種類の文字があるので、文字集合が次のようにいくつかに分けて定められています。

JISX0201：ラテン文字、カタカナ

JISX0208：漢字、ひらがな、記号

JISX0213：JISX0208 にさらに文字を加えたもの

前述のように JISX0201 の文字集合に対して、ASCII で拡張された部分を割り当てようとしたのが最初の日本の文字コードの規格です。

我々が通常 JIS コードと呼んでいるものは、JISX0208 で規定される漢字の集合（通称 JIS 第 1 第 2 水準漢字）に対して、2 バイトの数値を対応づけたものです。文字コードの切り替えを表す特殊な文字列「エスケープシーケンス」を使うことで、他の言語の文字コードとの混在利用ができることから、国際規格の一部「ISO-2022-JP」のベースとなっています。

Shift JIS コード（シフトジスコード）　英数字と漢字の境目に毎回エスケープシーケンスが必要となる JIS コードは、メモリが貴重であった時代には非常に効率の悪い方法と思われました。そこで、他言語との混在ができなくなることを承知の上で、エスケープシーケンスが不要な方法として開発されたのが Shift JIS コードです。名前に「JIS」が含まれていますが、JIS が決めたわけではありません。

Shift JIS コードも、JIS コードと同様に、基本的には JISX0208 で定義された漢字集合に対して 2 バイトの数値を割り当てた文字コードです。ただし 1 バイト目の最上位ビットが必ず 1 になるように文字コードを割り当てることにより、あるバイトの最上位ビットをみて それが 0 ならば ASCII の文字、1 ならば次のバイトとセットで漢字、という形で区別することができます。漢字に割り当てられたコードの位置が JIS コードの位置から「ずれ」てしまったことから「Shift JIS コード」と呼ばれています。

Shift JIS コードは、特にメモリが少なかったパソコン用の文字コードとして広く普及しました。しかしきちんとした規格が当初存在しなかったことから様々な独自実装が行われ、現在の「機種依存文字」問題を引き起こす原因となっています。

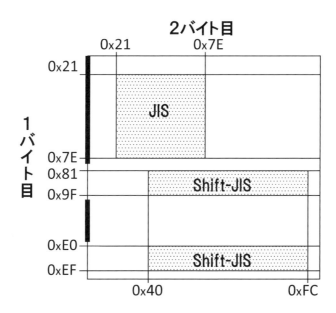

図 9.6.9　JIS コードと ShiftJIS コード

EUC（Extended Unix Code） 　国際的に情報交換をするようになると、他言語と共存できない Shift JIS の使用は論外でした。しかしエスケープシーケンスが必要な ISO-2022-JP は扱いにくいため、主にサーバで利用されていた Unix 上でマルチバイト文字を扱う方法として開発されたのが EUC です。EUC は日本語だけでなく、韓国語、中国語にも対応できることを念頭に設計されました。特に日本語に関する部分を EUC-JP と呼びます。

　EUC-JP では漢字については原則として 2 バイトの数値を割り当てますが、拡張された一部の文字集合については 3 バイト使用することもあります。2 バイトのときには 1 バイト目、2 バイト目ともに最上位 bit が 1 である文字コードとなるため、エスケープシーケンスを使用せずに ASCII との混在が可能です。しかしやはり、もともと想定していない他の言語との混在使用ができないため、国際化への対応としては中途半端なものでした。

Unicode（ユニコード） 　各言語ごとに個別に文字コードを割り当てるのではなく、ひとつの文字コードで全世界のすべての言語の文字を表現することを目的として開発されたのが Unicode です。

　Unicode では 1 文字を表すために必要なバイト数が文字によって異なります。ラテン文字については ASCII との互換性のため 1 バイトとなっており、それ以外は 1 文字あたり 2〜5 バイトを使用します。日本語の漢字は 1 文字あたり 3 バイト必要です。

　「文字にどのような数値を割り当てるか」とは別に、「割り当てた数値をどのようなバイト列として表現するか」という符号化の問題があり、UTF-8、UTF-16、UTF-32 など複数の方法があります。

機種依存文字とは

　2 つの機器で、ある文字コード（数値）に対応する文字が異なる場合、一方の機器で表示される文字が、他方では異なる文字に表示される（あるいはまったく表示されない）という現象が起きます。このような、対応する文字が機器に依存し、他の環境では必ずしも同じように表示されない文字を「機種依存文字」あるいは「環境依存文字」といいます。

　機種依存文字の具体例としては、〇の中に数字が入っている文字、ローマ数字、トランプのスーツ、1 文字で「トン」「昭和」などと書いてある文字などがあります。特に最初の 2 つは日常的によく使ってしまいがちです。

　機種依存文字は、自分のところでは「正しく」表示されるため、なかなか気づきにくいのです。自分のところで紙に印刷するだけならば影響はないのですが、電子的にやり取りをする場合には、意識的に「使用しないようにする」ことが必要です。

9.6.5 音声の表現

我々の身の回りには、本来はアナログな情報がたくさんあります。このようなアナログデータをコンピュータで取り扱うためには、ディジタルデータへ変換する必要があります。アナログデータとディジタルデータの変換例として、音声波形の処理を見てみましょう。

1. マイクを使って、空気の振動を電気信号（電圧波形）に変換します。
2. この連続した電圧波形から一定の時間毎に値を読み取ります。これを**標本化**（サンプリング；Sampling）といい、取り出された値を「標本値」といいます。標本値はその時間における電圧値なので、アナログ量（実数値）です。
3. 読み取った値の近似値を求めます。これを**量子化**といいます。右の例では8段階の値に区分しています。
4. コンピュータで扱う場合には、さらにビット列に変換する必要があります。右の例では量子化された各値を単純に3桁で2進表現したものをビット列としています。

このようにして記録されたディジタルデータから音声を再生するには、逆の処理を行います。

1. ビット列を解釈し、値（0〜7）に変換します。
2. 各値（ディジタル値）に対応する電圧値（アナログ値）を求めます。
3. 一定時間毎の電圧値を繋ぐように間の電圧を補間することで、連続したアナログ信号を発生させます。右の例では、各区間を直線補間しています。
4. スピーカーを使って、電圧変化に応じた空気振動を発生させます。

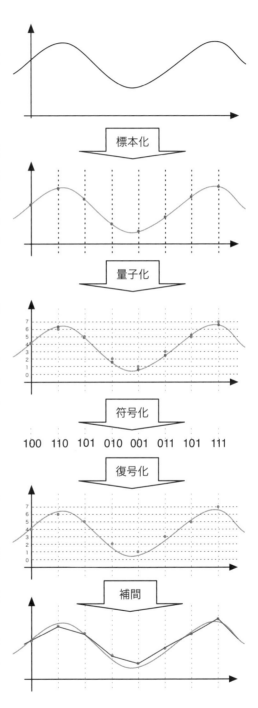

図 9.6.10　音声波形の処理

直感的にわかるように、一定時間あたりのサンプリング回数が多いほど、そして量子化の段階の数が多いほど、元の信号からのずれが小さくなります。結果として、アナログ信号を再現したときの波形と、元の波形とのずれを小さくすることができます。しかし、単位時間あたりに処理しなければならないデータの量は、逆に増大していきます。

なおディジタル信号化したものをアナログ信号に戻したとしても、元のアナログ信号と完全に同じにはなりません。量子化を行う際に必ず量子化誤差が存在するからです。アナログ信号をディジタル記録し、アナログ信号として再生するシステムでは、なるべく元波形と近い出力波形が得られるように、標本化間隔、量子化レベル、符号化方法、補間方法のすべてを調整する必要があります。

なお符号化の方法にも依存しますが、音質の善し悪しは単位時間あたりのデータ量でおおまかに判断することができます。よく使われる単位は bps (bits per second ; bit rate ともいう) で1秒間の音を表現するためにどれだけのビットを使用しているかを意味し、この値が大きいほうが品質が良いことになります。オーディオ CD の場合、サンプリング周波数 44.1kHz×量子化幅16ビット×2チャンネル（左右）なので、1秒あたり 44100×16×2=1411200 ビットの情報量になります[9]。

表 9.7 代表的な音声データのビットレート

固定電話	32kbps	
ディジタル電話	64kbps	8kHz×量子化8ビット
ディジタル放送の音声	144kbps	
MP3 の最高音質	320kbps	
オーディオ CD	1411.2kbps	44.1kHZ×量子化幅16ビット×2チャンネル

---

[9] 実際には誤り訂正符号化も行われているため、この通りではありません。

9.6.6　画像の表現

パソコンの画面で表示される画像は、基本的には画素（pixel；ピクセル）の集まりとして表現されます。この画像を記録する方法として、ラスター形式とベクター形式の2種類があります。

ラスター形式（ビットマップ形式）　ラスター形式は、各画素の色の情報自体をそのままデータとして記録する方式です。デジカメで撮影した画像は、撮像素子によって標本化と量子化が行われるため、原理的にラスター形式となります。色情報の格納方法、画素情報の符号化方法によって、JPEG, GIF, BMP, PNG, TIFF など多くの画像フォーマットがあります。

ベクター形式　ベクター形式では、各画素の情報をそのまま表現する代わりに、描画命令の集合として表現します。一種のプログラムといってもよいでしょう。各画素の色は、描画命令を実行した結果、最終的に何色になったかで決まります。描画命令で使う座標系は、画素とは独立しているため、最終出力装置の最高の解像度で画像を描画することができるという利点があります[10]。「拡大/縮小」は単なる「座標変換」に過ぎないため、これによって品質が損なわれることがないという特性があります。なおベクター形式の画像ファイルを編集するには、描画命令を理解できる専用の画像ソフトウェアが必要です。商用では Adobe 社の Illustrator、フリーソフトウェアでは Inkscape などが有名です。

```
%!
1 0 1 0 setcmykcolor % 色の指定　Ｃ Ｍ Ｙ Ｋ
10 setlinewidth % 線の太さ
newpath
100 300 40 0 361 arc % 円を描く
stroke % 描画実行

0 0 0 1 setcmykcolor % 色の指定　Ｃ Ｍ Ｙ Ｋ
5 setlinewidth % 線の太さ
100 300 moveto % 座標 (100,300) に移動
newpath
200 280 lineto % (200,280) まで線を引く
stroke % 描画実行

100 400 moveto % 座標 (100,400) に移動
/Times-Roman findfont % フォントの種類を選択
12 scalefont setfont % フォントサイズを設定
(JYOHO SYORI) show % JYOHO SYORI と表示
```

図 9.6.11　左は EPS ファイル（ベクター形式）の記述例。EPS 形式を解釈できるプログラムを使うと右の画像が生成される。

---

[10] 印刷会社やデザイナーとデータをやりとりする際にはベクター画像を使うことが多い。

9.6.7 データ圧縮
9.6.7.1 符号化の工夫による圧縮

同じ情報でも符号化の方法によってデータサイズが変わる例を見てみましょう。

例として8種類の記号から成るデータを2進表現の列で表す方法を考えます。まず、それぞれの記号に対して2進表現を順に対応させると、表9.8のようになります。この対応表を使うと記号列「☆☆◎◇」はビット列「000000001101」で表せることになります。この方法では長さ N の記号列の符号化には $3 \times N$ ビットが必要です。

表 9.8 固定符号の割当て例

記号	☆	◎	○	△	▽	◇	□	★
出現頻度	0.3	0.20	0.15	0.15	0.08	0.08	0.03	0.01
符号	000	001	010	011	100	101	110	111

各記号の出現頻度には偏りがあるので、文書中によく出現する記号を短いビット列で表すことでデータサイズを小さくすることができそうです。記号を一意に復元できる効率のよい符号化方式のひとつに、ハフマン符号があります。ハフマン符号のアルゴリズムでビット列を割り当てると表9.9のようになります。表9.8では一記号あたり3ビットの固定長であったのに対し、ハフマン符号では記号毎に符号語の長さが変わります。出現確率が低い記号（◇□★）のビット長は表9.8のときよりも長くなっています。

表 9.9 ハフマン符号化による可変長符号の割当て例

記号	☆	◎	○	△	▽	◇	□	★
出現頻度	0.3	0.20	0.15	0.15	0.08	0.08	0.03	0.01
符号	00	10	010	011	110	1110	11110	11111

各記号の出現頻度を考慮して、一記号あたりのビット長の期待値を計算してみましょう。$bit(X)$ をその記号 X を表すのに必要なビット数、$p(X)$ を X の出現確率とすると、一記号あたりのビット長の期待値は次の式で計算できます。

$$\begin{aligned}\sum bit(X) \times p(X) &= 2 \times 0.3 + 2 \times 0.2 + 3 \times 0.15 + 3 \times 0.15 + 3 \times 0.08 \\ &\quad + 4 \times 0.08 + 5 \times 0.03 + 5 \times 0.01 \\ &= 0.6 + 0.4 + 0.45 + 0.45 + 0.24 + 0.32 + 0.15 + 0.05 \\ &= 2.66\end{aligned}$$

このことから一記号あたり平均2.66ビットで表されることがわかり、3ビット固定長のときよりも少ないビット数で表現できる確率が高いことがわかります。

9.6.7.2 不可逆圧縮

音のフォーマットである MP3 や画像フォーマットである JPEG 画像のデータサイズを調べてみると、本来必要となるデータ量に比べて数十分の 1 のデータサイズしかないことがわかります。これは符号化の方法をちょっと工夫した程度では達成できません。この極めて小さいデータサイズの秘密は、不可逆圧縮という圧縮方式が使われていることにあります。

例えば人間の聴覚特性上 知覚しにくい周波数帯があり、音声信号からその部分の情報を削っても品質が損なわれたことを感じることができません。そこで、音声の波形信号を複数の周波数の信号（高〜低）に分解し、人間が知覚できる周波数帯だけを符号化することでデータサイズを小さくすることができます。この圧縮データから波形を再現しようとすると、元の信号に比べると知覚できない周波数帯が欠落した波形になります。

画像についても同様の処理が可能です。人間の視覚特性上、大きな色の変化には敏感ですが、画素単位の微小な色の変化は意外と気付きません。そこで、画面上の画素の連なりを波形として考え、複数の周波数に分解し、周波数の高い成分をカットしたり、粗く量子化し直したりすることで情報を圧縮することができます。ただ復元した際に色の差が前より大きくなると、例えばブロックノイズとして人間に知覚されるようになります。

動画像の場合には、各フレームの画像に不可逆圧縮を適用するだけでなく、前のフレームと類似したフレームが続くことが多いことから、フレーム間の差分のみを符号化することでさらにデータ量を圧縮することができます。

表 9.10 可逆圧縮と非可逆圧縮の比較

	可逆圧縮	非可逆圧縮（不可逆圧縮）
圧縮方法	符号化方法の工夫	符号化の際に一部の情報を除去
情報の劣化	完全に元のファイルが再現できる	元のファイルは完全には再現できない
利点	劣化しない。	圧縮後のサイズをかなり小さくできる。
欠点	圧縮率には限界があり、あまりサイズを小さくできない。	圧縮時に削られた情報は戻らない、すなわち劣化が起きる。
例（形式）	ファイル圧縮（LHA、ZIP など）、画像（PNG、BMP など）、音声（Monkey's Audio の ape）	画像（JPEG など）、音声（MP3、AAC、WMA など）

9.7 計算の原理

コンピュータの中でどのように処理が行われているのか、みてみましょう。まず始めに、コンピュータよりも機能の少ない原始的な電卓の仕組みを理解し、次にコンピュータが電卓とどこが違うのかをみていきましょう。

9.7.1 電卓の仕組み

電卓の多くは、演算子の優先順位とは関係なく、入力されたキーに従って計算が進んでいきます。ここでは次のような簡単なモデルを考えてみます。

電卓のモデル

入力装置（キーボード）： "0"～"9" の数字キー、加減乗除、イコール、クリアの命令キーがあります。

記憶装置： 命令レジスタとデータレジスタが2つあります。

演算装置： 命令レジスタとデータレジスタ1、2の内容を取り込み、演算を行います。演算結果はデータレジスタ1に格納されます。

出力装置（ディスプレイ）： データレジスタ1の内容が表示されます。

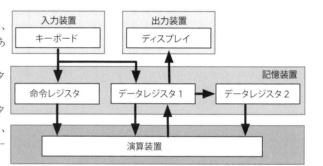

図 9.7.12　原始的な電卓のモデル

入力されるキーに応じて、次のように処理が行われます。

数字キー： 入力された数字をデータレジスタ1に格納します。もともとデータレジスタ1に入っていた値は上書きされるので失われます。

クリアキー： データレジスタ1、2に "0" が格納され、命令レジスタに "=" が格納されます。

加減乗除キー： まずデータレジスタ2とデータレジスタ1に対して、現在命令レジスタに格納されている演算を行います。演算結果はデータレジスタ1に格納されます。ただし命令レジスタの内容が "=" のときには何も行いません。その後、命令レジスタに入力されたキーを格納し、データレジスタ1の内容がデータレジスタ2にコピーされます。

初期化した後「4 − 1 + 2 =」の順にキーを押したときの電卓の内部の処理の流れを、入力、データレジスタ1および2、命令レジスタ、ディスプレイの内容に着目して追ってみましょう。

操作と内部状態の変化を表にまとめると表 9.11 のようになります。このように、入力、記憶装置、演算装置、出力の4つの機能が密接に連携して、電卓の機能を実現していることがわかります。

表 9.11　電卓の内部状態の変化

操作	(1)	(2)	(3)	(4)	(5)	(6)	(7)
入力	C	4	−	1	+	2	=
データレジスタ 1	0	4	4	1	3	2	5
データレジスタ 2	0	0	4	4	3	3	5
命令レジスタ	=	=	−	−	+	+	=
ディスプレイ	0	4	4	1	3	2	5

9.7.2　コンピュータの仕組み

次にコンピュータの仕組みをみていきましょう。

電卓では、処理対象の数値と演算内容は、利用者がひとつひとつキーを押すことによって与えられていました。これに対してコンピュータでは、処理対象のデータと演算内容をあらかじめ内部の記憶装置に蓄えておきます。構成上の大きな違いは、演算内容を格納するための記憶装置と、複雑な制御を可能にする制御装置です。

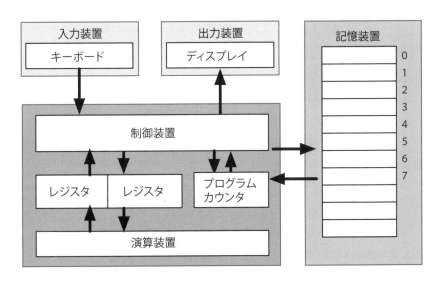

図 9.7.13　原始的なコンピュータのモデル

コンピュータにおける演算内容は、例えば、「メモリの 3 番地に格納されている値をデータレジスタ 1 にコピーする」「データレジスタ 1 とデータレジスタ 2 の値を加算して、データレジスタ 2 に格納する」といった意味の「命令」です。制御装置は、こういった命令を記憶装置からひとつずつ取り出し、その内容に従って、記憶装置、演算装置、入力装置、出力装置を制御して、処理を進めていきます。なお、プログラムカウンタは、現在、どこの命令を実行しているかを管理するための特殊なレジスタです。

記憶装置に格納する命令列は、制御装置が読み出し解釈するので、制御装置が直接理解できる形（機械語）で格納されます。しかし規模の大きなプログラムを機械語で記述することは、人間にはとても辛い作業です。そこで我々が（機械語に比べればはるかに）理解しやすい言語（C言語など）でプログラムのソースコードを書き、それをマシン語に翻訳する方法が考え出されました。もちろん変換作業自体もコンピュータに行わせます。この翻訳作業のことを**コンパイル**といい、その翻訳作業を行うプログラムのことを**コンパイラ**と呼びます。

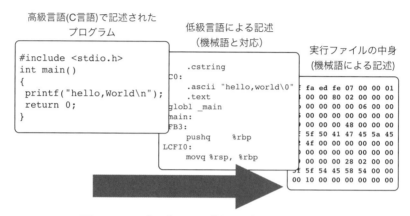

図9.7.14　プログラミング言語と実行ファイルの関係

9.7.3　プログラムとアルゴリズム

プログラミングの授業を受けると、必ず「アルゴリズム」という言葉を聞くことになります。アルゴリズムとは「その手順に従って機械的に処理を進めていけば、必ずその問題が解ける手順」のことです。例えば、ここに数字のデータが10個あるとして、ある手順Aに従って処理を進めれば、必ずこの10個のデータを大きい順に並べた状態に到達できる場合、「手順Aは10個のデータを大きい順に並べ替えるためのアルゴリズムである」といえます。

コンピュータのプログラムは、問題を解くアルゴリズムをコンピュータで実現するために構成された、一連の機械語の命令列に他なりません。

問題を解くためのアルゴリズムは、一般に複数存在します。世の中のすべての「問題」に、その問題を解くアルゴリズムがあるわけではありません。「問題」の中には、アルゴリズムが存在しないことが判っているものもありますし、有効なアルゴリズムがまだ見つかっていないものもあります。例えば、意外に思うかもしれませんが、一見簡単な問題に見える「大きな数を素因数分解する問題」には、効率の良いアルゴリズムがまだ見つかっていません[11]。

---

[11] 現在広く利用されている暗号方式の中には、これを強度の拠り所としているものがあります。もし画期的な因数分解アルゴリズムを見つけることができたら、世界的に有名になれること間違いなしです。

9.8 演習問題

練習 1. 下の表を埋めてみましょう。

10進数	2進数	8進数	16進数
0			
1			
2			
3			
4			
5			
6			
7			
8			
9			
10			

10進数	2進数	8進数	16進数
11			
12			
13			
14			
15			
16			
17			
18			
19			
20			
21			

練習 2. 自分が普段使っているコンピュータの性能（CPU、メモリ、外部記憶装置など）はどうなっているか調べてみましょう。

練習 3. フラッシュメモリに関する記述として、適切なものはどれでしょうか。

1. 一度だけデータを書き込むことができ、以後読出し専用である。
2. 記憶内容の保持に電力供給を必要としない。
3. 小型化が難しいので、ディジタルカメラの記憶媒体には利用されない。
4. レーザ光を用いてデータの読み書きを行う。

練習 4. 現在のコンピュータの性能を調べ、4年後の一般的なパソコンの性能（CPU、メモリ、外部記憶装置など）はどれくらいか、予想してみましょう。

練習 5. あなたが興味をもつ最近のSF映画をひとつ選び、その映画の中で描かれているコンピュータについて調べてみましょう。

練習 6. 以下の2進数を16進数と10進数に基数変換しましょう。

1. $(11111001)_2$
2. $(01101001)_2$

練習 7. 2進数10110を3倍したものはどれでしょうか？ 理由も考えてみましょう。

(1) 111010　　(2) 1111100　　(3) 1000010　　(4) 10110000

練習 8. 100M ビット/秒の伝送速度の LAN を使用して、1G バイトのファイルを転送するのに必要な時間はおおよそ何秒でしょうか。ここで、1G バイト＝10^9 バイト、LAN の伝送効率は 20% とします。

  (1) 4   (2) 50   (3) 400   (4) 5000

練習 9. この 16 進表現の数字列はある文章を ASCII で表現したものです。なんと書いてあるのでしょう。

```
48 65 6C 6C 6F 20 77 6F 72 6C 64 21
```

練習 10. この 10 進表現の数字列はある文章を ASCII で表現したものです。なんと書いてあるのでしょう。

```
84 104 105 115 32 105 115 32 97 32 112 101 110 46
```

練習 11. 自分の名字（漢字）の JIS コード番号を調べてみましょう。またコード入力で入力してみましょう。

― コード入力を試してみよう ―

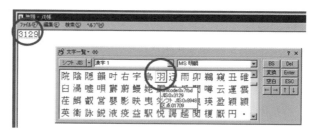

Windows の IME パッドでは、コードを使って文字入力をすることができます。
1. 入力モード「ひらがな」を確認する。「全角/半角」キーを押すと、ひらがな入力と英数字入力が切り替わる。
2. コード番号を入力する。例えば「0048」「0065」「006c」「006c」「006f」
3. コードを一つ入れる毎に F5 キーを押すと、IME パッドの文字一覧アプレットが表示される。
4. 表示された文字候補をクリックする。

練習 12. アナログ音声信号をディジタル化する場合、元のアナログ信号の波形に、より近い波形を復元できる組合せはどれでしょう。
1. サンプリング周期を長く、量子化の段階数を多くする
2. サンプリング周期を長く、量子化の段階数を少なくする
3. サンプリング周期を短く、量子化の段階数を多くする
4. サンプリング周期を短く、量子化の段階数を少なくする

練習 13. BMP（ビットマップ）形式では一画素ごとの色情報がそのまま保存されています。一画素あたりの色数が 16 ビット、画像サイズが縦 150×横 100（ピクセル）の画像を表現するのに必要な情報量を計算しましょう。その際、単位は kByte（キロバイト）を用い、四捨五入して小数点以下第 1 位まで求めてください。

練習 14. どんなデータでもより小さなサイズに圧縮できる万能な圧縮法は存在するでしょうか？

練習 15. コンピュータを構成する一部の機能の説明として、適切なものはどれでしょうか。
1. 演算機能は制御機能からの指示で演算処理を行う。
2. 演算機能は制御機能、入力機能および出力機能とデータの受渡しを行う。
3. 記憶機能は演算機能に対して演算を依頼して結果を保持する。
4. 記憶機能は出力機能に対して記憶機能のデータを出力するように依頼する。
5. 制御機能はデータを保存し、演算処理を行う。

練習 16. プログラム言語が果たす役割として、適切なものはどれでしょうか。
1. コンピュータが自動生成するプログラムを、人間が解読できるようにする。
2. コンピュータに対して処理すべきデータの件数を記述する。
3. コンピュータに対して処理手続を記述する。
4. 人間が記述した不完全なプログラムを完全なプログラムにする。

練習 17. コンピュータでソフトウェアを動作させるために必ず必要なものはどれでしょうか。
 (a) プリンタ (b) キーボード (c) メモリ (d) ネットワーク

第10章

ネットワークの基本

10.1 ネットワークの歴史

　現在のインターネットはいうまでもなくディジタルデータの通信ネットワークです。このようなディジタル通信はいつ頃から存在していたのでしょうか。通信内容をディジタルにやり取りするという意味では、例えば「狼煙（のろし）」「太鼓の音」なども一種のディジタル通信といえるかもしれません。狼煙が上がっていたり太鼓の音が鳴っていたりすれば「危険が迫っている」合図、無ければ「危険は迫っていない」合図なわけです。

　現在のディジタル通信の原型、すなわち通信したい内容（例えばアルファベット）をごく少数の符号語（例えば0と1）の組み合わせとして表現するアイデアは1600年頃から存在しましたが、実際に伝送に利用された技術としては何といっても1873年に開発されたモールス符号が有名です。モールス符号ではアルファベットを「トン」「ツー」と呼ばれる2種類の記号の組み合わせで表現しました。実際に伝送するときには、長さの異なる短と長の電気パルスで伝送します。

　現在のインターネットの起源は1969年に構築されたARPANETです。電話回線のような回線占有型ではなく、パケット交換方式を用いることにより、ネットワーク障害に対して極めて強い耐性を持たせることに成功したのです。

　次のページ以降にネットワークの歴史年表を示します。それぞれの時代区分や年代は正確に分からないものもありますので、「だいたいその辺り」という認識で見てください。

10.2 インターネットの正体

　インターネットの実体とは何でしょうか。建物内や組織内のコンピュータを網目状に繋いだものをコンピュータネットワーク（Computer Network）といいます。その敷設範囲の広さに応じて、LAN（Local Area Network）とかWAN（Wide Area Network）などと呼びます。これらのLANやWANを相互に接続することを「inter-networking」といいます。相互接続によって世界を網羅する規模になった究極の姿が「全世界規模のネットワークのネットワーク」である「インターネット」です。英語では"the Internet"または"Internet"のように、"I"を大文字にして表記します。

表 10.1 ネットワークの歴史

年	内容
1945 年	MIT の V. ブッシュが WWW の概念「Memex（メメックス）」を構想（構想のみで実際のシステムは作られず）
1961 年	USA ユタ州で電話中継基地が爆破され、回線が一時的に停止した事件を契機に、「核戦争にも耐えうる通信システム」の研究を開始。
1964 年	ポールバランが「分散型通信システム」について発表。「核攻撃によりネットワークが寸断された場合でも通信経路を確保する」ためにはどうすればよいのかを考えたことが契機。
1965 年	T. ネルソンがハイパーテキストのシステム「Xanado（ザナドゥ）」を発表。（実用レベルに達していない）
1967 年	ドナルド・デイビスが実験的パケット交換ネットワークを作る。（パケットという言葉を最初に使う）
1969 年	USA の国防総省高等研究計画局（ARPA）が軍事目的で「ARPANET」を開始。（インターネットの起源）
1973 年	メカトロノフがイーサネットのアイデアを提出（博士論文）。ビント・サーフとボブカーンがインターネットの基本的なアイデアを発表。 GPS（Global Positioning System；全地球測位システム）の開発開始。
1976 年	ATT ベル研究所で UUCP のためのソフトウェアを開発し、1977 年から Unix とともに配布。
1978 年	現在でいうウルトラワイドバンド無線通信への検討が始まる。
1979 年	世界初のセルラー方式（NTT）が 800MHz 帯 FM 方式で実現。
1982 年	ARPANET のプロトコルとして TCP/IP 完成。複数のネットワークが繋がったものを internet と定義し、TCP/IP で繋がった internet を Internet と定義。
1983 年	国際標準化機構において、デイとチンマーマンらが最初の OSI 参照モデルを提案。
1984 年	日本におけるインターネットの原型である JUNET（Japan Unix NETwork）開始。最初に結ばれたのは東京大学、慶應義塾大学、東京工業大学の 3 校。
1987 年	NTT が日本で最初の携帯電話サービス開始（アナログ方式、第 1 世代）。
1989 年	日本における DNS サービス開始。
1991 年	ティム・バーナーズ・リーにより WWW が開発される。
1992 年	国内初の商用 ISP（Internet Service Provider）IIJ が組織される。
1993 年	PHS 登場、NTT 移動通信網（ディジタル方式、第 2 世代）。 M. アンドリーセンが Web ブラウザ「Mosaic1.0」をリリース。

1994 年	Netscape 社が Netscape Navigator 1.0 をリリース。(開発コードの Mozilla は Mosaic と Godzilla の合成語)
1995 年	Web サーバ NCSA http 1.3 のパッチの形式で Apache 0.2 を初公開。Microsoft 社が Internet Explorer 1.0 をリリース。(コードは Mosaic ベース。11 月には 2.0 をリリース。)
1996 年	Netscape が JavaScript 1.0 をサポート。
1997 年	SixDegrees.com にて SNS(コミュニティ型)の原型。 無線 LAN 規格として IEEE802.11 を策定:これまでばらばらであった規格を統合。
1998 年	Internet Explorer が Netscape のシェアを凌駕。
1999 年	ブログ(Web log)という言葉が使われ始める。
2001 年	NTT DoCoMo(第 3 世代、W-CDMA、FOMA)サービス開始。
2002 年	トラックバックを Movable Type 2.2 の機能として採用。「プロフ」サービス:マイプロフィール、前略プロフィールが登場。 au(第 3 世代、CDMA2000)、J-Phone(第 3 世代、W-CDMA)サービス開始。
2003 年	12 月 ニフティがココログ(ブログ)を提供。
2004 年	2 月 ミクシィ(mixi)、グリー(GREE)などの SNS が登場。 4 月 Gmail サービス開始。
2006 年	2 月 モバゲータウン登場。 7 月 Twitter 登場。 9 月 Facebook が一般に開放。 12 月 WikiLeaks 創設。
2008 年	12 月 Google Chrome 登場。
2009 年	9 月 無線 LAN 規格 IEEE802.11n 策定。
2014 年	1 月 IEEE802.11ac 策定。

パソコンなどの情報機器を最寄りの LAN に接続するだけでインターネットを利用できるのは、その LAN がインターネットの一部を構成しているからです。さらにいえば、情報機器を LAN に接続したとき、その機器は「インターネットの一部」となるのです。

情報機器を LAN につなぐ方法としては、従来はケーブルを使って情報コンセントに接続する方法が主流でしたが、最近はケーブルを使わない無線 LAN も増加しています。携帯電話会社のネットワークもインターネットの一部ですので、携帯電話やスマートフォンなどのモバイル端末からもインターネット上の様々なサービスが利用できます。

10.3　インターネットプロトコルと IP アドレス

前述のようにインターネットは各組織の LAN を相互接続したものです。しかし、各 LAN は、その LAN を構築した時代・メーカーによって、様々に異なる技術で構築されています。実は「異なる技術で構築された LAN 同士を接続する」ことは、それほど簡単なことではありません。バラバラのネットワークをまたいで情報をやり取りするためには、何らかの共通のルールが必要なのです。このような「通信を行うために手順として決められているルール」のことを**通信プロトコル**と呼びます。インターネットを支えるプロトコルの構造／詳細については 11 章で詳しく説明します。

現在のインターネットでは、非常に多くの通信プロトコルが使われていますが、最も重要なものは **Internet Protocol（IP）** と呼ばれるプロトコルです。IP は「（相互接続された）異なる種類の LAN の集まり」を、世界規模の「単一ネットワーク」に見せる役割を担っています。ネットワークに接続されたすべての機器が、同じ方法で相互に通信できるように、個々の機器に「IP アドレス」という番号を割り振ります。インターネット上のデータの送受信は、すべてこの IP アドレスに基づいて行われます。現在よく利用されている IP アドレスは 32 ビットの数値です。通常は「192.168.10.11」のような「.」で区切られた 4 つの数値の形で表現します。

すぐ想像できるように、同じ IP アドレスを持つ機器が複数存在してしまうと、データの送受信に混乱が生じます。そのため IP アドレスの割当は、すべての機器が異なる IP アドレスになるよう、注意深く行われなければなりません。

インターネットの管理者は？

この巨大なインターネットはいったい誰が管理しているのでしょう？意外に思うかもしれませんが、インターネット全体を管理する管理者はいないのです。もちろん接続された個々の組織の LAN には管理者がいます。しかし彼らの責任範囲は、それぞれの組織の LAN と、直接接続している隣の機関との通信に必要な設備だけなのです。インターネットは、各組織が共通の通信プロトコルをきちんと遵守し、様々な機能を分担し、必要に応じて協調することで成り立っているのです。

10.4 ホスト名とドメイン名

機器が通信をするときには IP アドレスを使って通信をしていますが、我々がインターネットのサービスを利用するときに、IP アドレスで指定しなければならないのでは あまりにも辛すぎます。

単なる数字の列である IP アドレスよりは、意味のある単語の列の方がまだしも覚えやすいということで、ドメイン名というものが考え出されました。

例えば、茨城大学 IT 基盤センターの Web サーバには、`www.ipc.ibaraki.ac.jp` というドメイン名が付いています。一番右の「jp」は「日本国」を意味します。左隣の「ac.jp」まで伸ばすと「日本の学術機関」を意味します。さらに次の「ibaraki.ac.jp」までで「日本の学術機関としての茨城大学」を意味します。右に行くほど広い領域（ドメイン）になるところは、欧米での住所の書き方と同じですね。ドメイン名が特定のひとつのコンピュータを表すまでになったとき、それを**ホスト名**と呼びます。

ホスト名を IP アドレスに対応づける[1] ことができれば、ホスト名を IP アドレスの代わりに使うことができます。ホスト名やドメイン名から対応する IP アドレスへ変換する方法はいくつかありますが、現在の主流は **DNS**（Domain Name System）というインターネット上のサービスを利用する方法です。DNS の仕組みについては 11.4 節で説明します。

10.5 「インターネットに接続する」とは

先ほど「パソコンなどの情報機器を最寄りの LAN に接続するだけでインターネットが利用できる」と書きましたが、これは実は正確ではありません。パソコンをケーブルで物理的に接続しただけでは通信はまだできないのです。

通信ができるようにするためには、例えば次のような情報をパソコンに正しく設定しなければなりません。

- IP アドレス
- 自分が所属するネットワークの情報（通信相手と直接通信できるか判断するために使用）
- 通信相手と直接通信できない場合に、中継を依頼する機器の IP アドレス
- DNS 機能を提供している最寄りの機器の IP アドレス

これらの情報を各組織のネットワーク管理者から聞いて、自分で設定するのはとても面倒です。そこで、この面倒な作業が自動的に行なわれる DHCP という仕組みが開発されました。販売されているパソコンは最初からこの機能が有効になっているので、利用者はこの面倒な設定を自分ですることなく、インターネットが利用できるのです。

---

[1] IP アドレスと対応づけるためには、ホスト名も全世界で重複しないように付ける必要があります。

ネットワークに応じて自動設定を行う DHCP

　パソコンがネットワークで通信できるようにするには、パソコンをケーブル等で接続するだけでなく、IP アドレスなどを正しく設定する必要があります。IP アドレスが重複しないようにするために、以前はネットワーク管理者から教えてもらった IP アドレスなどの情報を手動で設定をする必要がありました。ネットワーク管理者のほうでも、どの IP アドレスをどのパソコンに割り当てたかを常に把握しつづけなければなりませんでした。

　これらの手間を軽減する方法として、**DHCP** (Dynamic Host Configuration Protocol) の利用が一般的になってきました。DHCP を利用すれば、パソコンをネットワークに接続すると IP アドレス, ネットマスク, DNS サーバの IP アドレス, 時刻同期のための NTP (Network Time Protocol) サーバのアドレスなどの情報を受け取り、自動的に設定されます。

10.6　メールヘッダを見てみよう

　電子メールを読み書きしている時には、通常は差出人, 送信日時, 電子メールの題名 (Subject), 本文程度しか表示されていません。これらのうち本文以外の情報は、メール本文に先立って送信される「メールヘッダ」と呼ばれる部分に記述されています。メールヘッダには上記の情報以外にも様々な情報が含まれているのです。

　パソコンのメールソフトには大抵「ヘッダー情報を表示」あるいは「メールのソースを表示」などといったメニューが用意されており、ちょっとした操作でメールヘッダ全体を表示させることができます。メールヘッダの具体例を図 10.6.1 に示しました。

```
Received: from mx.example.com (mx.example.com [192.168.0.1])
    by my.example.com (Postfix) with ESMTP id C987654321;
    Fri, 29 Feb 2013 12:34:56 +0900 (JST)
Message-ID: <2013002291234.567890@mx.example.com>
In-Reply-To: <ABCDEF.FEDCBA@my.example.com>
References: <$50EF9394.4010300@mx.example.com>
    <201302300987.654321@my.example.com>
Content-Type: Text/plain; charset=ISO-2022-JP
Content-Transfer-Encoding: 7bit
Subject: お試しメール
From: "BOO" <boo@my.example.com>
To: "FOO" <foo@mx.example.com>
Cc: "WOO" <woo@mx.example.com>
Date: Dri, 29 Feb 2013 12:34:56 +0900
Reply-To: boo@my.example.com
```

図 **10.6.1**　電子メールのヘッダ

Received 行 —— メールがどういう経路で送られてきたかがわかります。この例では「mx.example.com」から「my.example.com」へ送られたことがわかります。通常は「Received」行は複数あることが多く、その場合には、上にあるものほど後の処理を表しています。

Message-ID 行 —— 個々の電子メールを一意に識別できるための文字列です。同じ文面のメールでも、2回送れば、それぞれ別の Message-ID になります。つまり、例えば同じ内容のメールが複数回届いたときに、それぞれのメールの Message-ID を確認することで、配送途中の処理によってひとつのメールがたまたま2回配達されてしまったのか、送信者が実際に何度も繰り返し送信したのか、を区別することができます。

In-Reply-To 行 —— このメールが他のメールに対する返信である場合、その元のメールの Message-ID が記述されています。

References 行 —— 返信の連鎖がどうなっているかがわかるようになっています。この情報から電子メールの繋がりを見ることが可能です。メールソフトの中には、関連のあるメールをまとめて「スレッド」として表示するものもあります。

Reply-to 行 —— メールの送信者が返事を送って欲しいと考えているメールアドレスが記述されています。対応したメールソフトを使ってこのメールに返信すると、このアドレスが宛先としてセットされます。

10.7 安全な通信をするために

インターネットで、セキュリティを技術面から支えるのが暗号です。ここでは暗号技術の基礎を説明します。

10.7.1 暗号

10.7.1.1 暗号の基本構造

暗号は、古くは古代ローマ時代から利用されており、ガイウス・ユリウス・カエサル（Gaius Julius Caesar）が利用していたとされるシーザー暗号が有名です（図 10.7.2）。シーザー暗号は「英字を表記する際に本来記述する文字から何文字かずらしたものを記述する」ものです。

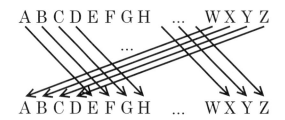

図 10.7.2　シーザー暗号 [鍵：4]

一般に暗号は「暗号化の方法」と「鍵」から成り立っています。シーザー暗号を例にみてみましょう。「暗号化の方法」は「文字を右方向にずらす」であり、「鍵」は例えば「4」ということになります。一方「復号の方法」は「文字を左方向にずらす」で、「鍵」は変わらず「4」となります。このようにして、人間が読める状態の元の文章（平文；ひらぶん）を暗号化したもの（暗号文）を相手に送信し、受け取った相手が復号します。このようにすれば通信が盗聴されたとしても、何が書いてあるのかわかりません。

暗号文を入手した攻撃者が、元の平文あるいは暗号文作成に使用された鍵を見つけることができたとき、その暗号文は「解読された」といいます。

「暗号化・復号化の方法」が攻撃者に判っている場合、原理的には総当たりによって「読める平文が出現」する「鍵」を見つけることができます。シーザー暗号では、鍵はアルファベットの数と同じ、高々26通り[2]しかありませんので、総当たりは非常に簡単です。そのため古典的な暗号の時代には、「暗号化の方法」と「鍵」のいずれをも秘密にしておくことが必要でした。

しかし現代暗号では「暗号化の方法」は非常に注意深く設計されており、また鍵の長さも十分大きくなりました。攻撃者が「暗号化・復号化の方法」を知っていても、総当たり攻撃を成功させるには莫大な時間がかかります。鍵を秘密にしておくだけで十分な強度が得られるようになりました。

10.7.1.2 共有鍵暗号方式

暗号化と復号とで同じ鍵を利用する暗号方式を、**共通鍵暗号方式**[3]（common key cryptosystem）と呼びます（図 10.7.3）。

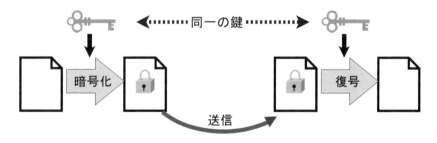

図 10.7.3　共通鍵暗号方式

共通鍵暗号方式で問題となるのは、鍵をどのようにして暗号利用者間で共有するのかということです。ご近所さんならば直接会った時に鍵を渡せばよいのですが、遠く離れていたらどうしたらいいでしょう。暗号通信で送ればよいでしょうか？しかしそのためには、その暗号通信で使う鍵をまた事前に共有しなければなりません。鍵共有問題は、簡単そうで意外と難しい問題なのです。

---

[2] 小文字も利用できる場合は 52 通りとなります。
[3] 対称鍵暗号方式（symmetric key cryptosystem），秘密鍵暗号方式（secret key cryptosystem）などと呼ばれることもあります。

10.7.1.3　公開鍵暗号方式

暗号の技術に革新的な発見がありました。これまで暗号化と復号で同じ鍵を使っていたのをやめ、暗号化と復号化の鍵をそれぞれ別々にします。このとき一方を公開しても他方の秘密が守られるようにできる方法が見つかったのです。一方の鍵を公開できることから、**公開鍵暗号方式**（public key cryptosystem）と呼ばれます。公開する方の鍵を**公開鍵**（public key）、他方を**秘密鍵**（secret key）と呼びます。秘密鍵と公開鍵はペアになるように生成するのですが、公開鍵からは秘密鍵が容易に推測できないという性質があるため、公開鍵を公開することができます。もちろん、公開鍵は秘密鍵の代わりにはなりません。

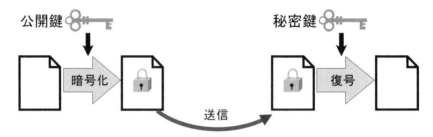

図 10.7.4　公開鍵暗号方式

共通鍵暗号方式では共通鍵の受け渡しをどうするかという問題がありましたが、公開鍵暗号方式ではこの問題がありません。例えば、A さんが B さんから秘密の文書を送ってもらうには、次のようにします（図 10.7.4）。

1. A さんは秘密鍵と公開鍵の対を作成する。
2. A さんは公開鍵を B さんに平文のまま送る。（他人に見られても問題なし）
3. B さんは受け取った公開鍵を使って、文書を暗号化する。
4. B さんは暗号化した文書を A さんに送信する。
5. 暗号化された文書を受け取った A さんは、秘密鍵を使って復号する。

また、この公開鍵暗号方式を利用して、文書に署名を付けることが可能となりました。電子的な署名なので、**電子署名**（digital signature）と呼ばれます。例えば、A さんが B さんに文書を送る際に電子署名をつける場合、次のようにします（図 10.7.5）。

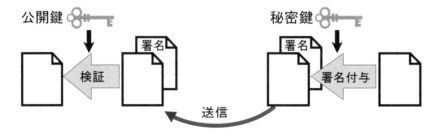

図 10.7.5　電子署名

1. Aさんは秘密鍵と公開鍵の対を作成する。
2. Aさんは公開鍵をBさんに渡す。(公開鍵なので盗聴されても問題なし)
3. Aさんは秘密鍵を使って、文書の電子署名を作成する（暗号化）。
4. Aさんは文書とその電子署名をBさんに送信する。(この文書の秘密は守られていません)
5. 文書と電子署名を受け取ったBさんは、前もって受け取っているAさんの公開鍵を使って検証する（復号）。

公開鍵を持っている人なら誰でも電子署名の検証ができます。しかし電子署名を作成できるのは、検証に用いた公開鍵とペアになっている秘密鍵を知っている人だけです。つまり「Aさんが署名した」ことが確認できたことになります。

暗号の2010年問題

暗号理論の発展とコンピュータの進歩に伴い、これまで安全に利用できていた暗号の方法が、ある日を境に安全ではなくなってしまうことがあります。例えば、公開鍵暗号方式では、公開鍵から秘密鍵を求められないことが必須ですが、鍵の長さが短いと総当たりなどで見つけることができてしまうことがあります。こういった背景から、米国立標準技術研究所（NIST）が「鍵の短いものや特定の暗号システムは2010年をもってより強い方式に移行すること」と宣言したため、多くの企業が短期間でそれに対応しなければなりませんでした。

10.7.2　Webサイトの安全性

Webページを参照している時、自分の電子メールを閲覧したり、個人情報を入力する場合などがあるでしょう。ここで入力した情報が悪意のある人の手に渡らないようにするためには、(1) 通信内容が他の人に覗き見られないこと、(2) 通信相手が本当に自分の接続したかったところであること、の2点を確認する必要があります。

前者については暗号通信を使うことで守られます。WebサーバとWebブラウザの間の通信は、通常は暗号化されていませんが、クレジット番号のような機密情報を送信する時には暗号通信が必須です。暗号通信を利用するURLは「http://～」ではなく「https://～」という形に変わります。またWebブラウザ上では錠が閉じた形のアイコンが表示されます。

後者についてはWebサーバの身分証明書である「サーバ証明書」を利用します。WebブラウザでどこかのWebサイトに接続したときに、もしアドレスバーが赤くなっていたら「サーバ証明書はあるけど信頼できない（検証ができない）」ことを表しています。そのようなWebページでは個人情報等のデータを入力してはいけません。すぐに接続を切りましょう。

10.7.3 無線 LAN の安全性

パソコンを LAN にケーブルで接続する場合、通信データはケーブルの上を流れていきます。従って通信データが流れる経路上に盗聴器を接続しなければ、パソコンからの通信を盗聴することができません。

一方、無線 LAN の場合には、パソコンからの通信データは電波として送出されます。送出された電波は無線 LAN AP（Access Point；電波を受け取って有線ネットワークに伝える機器）で受信され、LAN の上を運ばれていきます。

なお電波の到達圏内に複数の無線 LAN AP が存在する可能性があるので、無線 LAN AP は「どの AP に接続したいのか」を指定する必要があります。これは、個々の無線 LAN AP に付けられた SSID という識別子を使います。パソコンなどで無線 LAN を使おうとすると、電波の到達圏内に存在する無線 LAN AP の SSID 一覧が表示されます[4]。

誰もが自由に接続できるとネットワークのセキュリティが確保できないので、無線 LAN は接続用のパスワードを求めるように設定するのが一般的です。しかし公衆無線 LAN の場合には、パスワードなしで接続を許す運用をしていることもあります。

電波は全方位に向かって飛ぶので、意図した無線 LAN AP 以外の他の機器であっても電波到達圏内に存在すれば受信できます。つまり原理的には誰でも信号を「盗聴」することができます。通信データを盗聴されても通信内容を漏らさないためには、暗号化は必須です。無線 LAN AP との間の暗号通信の方法には WEP, WPA, WPA2 など様々な方法があります。このうち WEP は既に脆弱性が見つかっており、攻撃に対して 1 分も持ちこたえられないことが判っています。

自分で無線 LAN AP を設置する場合には、WPA2 以上の暗号化通信を必ず設定し、十分に強いパスワードをかけることが必要です。

---

[4] 設定によって SSID を非公開にしている無線 LAN AP もあります。

10.8 演習問題

練習 1. DNS の説明として適切なものはどれでしょう。
1. インターネット上で様々な情報検索を行うためのシステムである。
2. インターネット上の機器のホスト名と IP アドレスを対応させるシステムである。
3. オンラインショッピングを安全に行うための個人認証システムである。
4. メール配信のために個人のメールアドレスを管理するシステムである。

練習 2. LAN の説明として適切なものはどれでしょう。
1. インターネット上で電子メールを送受信するためのプロトコル
2. 同じ建物の中など、比較的狭い範囲のコンピュータ間で高速通信を実現するネットワーク
3. 電話回線や専用線を使用し、地理的に離れた拠点 A と拠点 B を接続し、通信を実現するネットワーク
4. ネットワーク制御に使用されるインターネットの標準プロトコル

練習 3. ネットワークを介してコンピュータ間で通信を行う時、通信路を流れるデータのエラー検出、再送制御、通信経路の選択などについて双方が守るべき約束事を何というでしょうか。
1. アドレス
2. インタフェース
3. ドメイン
4. プロトコル

第 11 章

ネットワークの舞台裏

この章では、インターネットの舞台裏の技術的な詳細について説明します。専門的な内容を含みますが、舞台裏がどうなっているのか知りたくなったらぜひ読んでみてください。

11.1 プロトコルの階層

現在のインターネットの通信プロトコルの中核になっているのは、TCP/IP（Transmission Control Protocol / Internet Protocol）モデルです。TCP/IP モデルは図 11.1.1 に示すように 4 つの層から構成されています。図の下に近い方が、例えば 0、1 をどのような電圧の波形で表すかといった、より物理現象に近い事柄であり、上の方はどういう意味の情報をやりとりするか、といった、アプリケーション固有の抽象的な事柄を定めています。

ネットワークインタフェース層は、使用するネットワークのハードウェアに応じて異なるものが使用されます。アプリケーション層も、メール、Web など、アプリケーションに応じて異なるものが使われます。インターネット層とトランスポート層は、TCP/IP モデルの中でハードウェアにもアプリケーションにも依存しない、重要な役割を果たしているといえます。インターネット層は、相互接続されたネットワークの上で特定の機器までデータを運ぶ役割を担っています。しかし実は途中で配送事故が起こることもあります。そこでトランスポート層では、インターネット層の機能を利用して、データが確実に相手に届いていることを保証する仕組みなどを提供します。

別々に開発されたシステムが相互に通信できるためには、通信の仕組みをどのように考えたらよいか、後に ISO（International Organization for Standardization；国際標準化機構）で検討を行ないました。その結果が「Open Systems Interconnection（OSI；開放型システム間相互接続）のための参照モデル」です。**OSI 参照モデル**は 7 階層からなるプロトコル階層であり、ネットワークプロトコルの標準化を行う上での枠組みとなりました。TCP/IP モデルと OSI 参照モデルは図 11.1.1 のように対応しています[1]。それぞれの層のプロトコルは、上下の層とのインタフェースさえ守れば独立に設計することができます。このことによって、技術の標準化と技術開発競争とを両立することができているのです。

---

[1] 対応の仕方についてはいくつかの解釈があります。

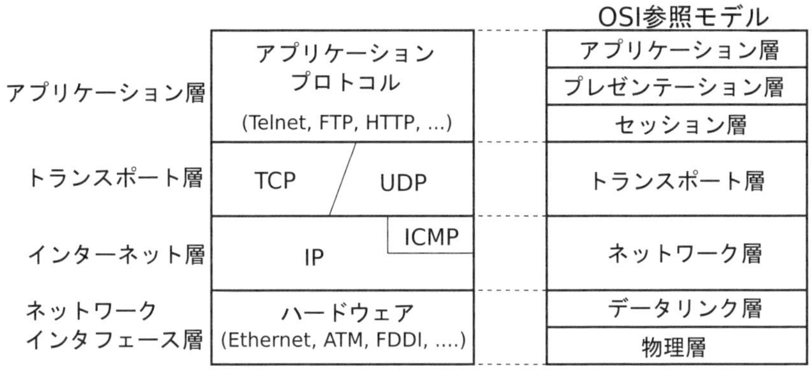

図 11.1.1　TCP/IP と OSI

11.2　インターネット層

11.2.1　IP と IP アドレス

インターネット層のプロトコルである IP（Internet Protocol）の主な役割は、ネットワークに接続された機器同士の通信を可能にすることです。そのために個々の機器にネットワーク上の住所（アドレス）を表す数値を付与しています。IP アドレスは中継を行う機器にも付与されます。現在よく利用されている IP は、**IPv4**（IP version 4）と呼ばれているもので、32 ビットの数値が割り当てられます。表現するときには、32 ビットの数値を 8 ビット毎に区切り、それぞれを 10 進数に変換した数値をドットで区切るのが一般的です。IPv4 での IP アドレスは、0.0.0.0 から 255.255.255.255 までの約 4 億個あることになります。

11000000101010000000101000001011	32bit の 2 進数
11000000.10101000.00001010.00001011	8bit ずつに分割
192.168.10.11	各 8bit を 10 進数で表現

IP アドレスは、**グローバルアドレス**として使用する範囲と、プライベートアドレスに代表される**ローカルアドレス**として使用する範囲に分けられます。グローバル IP アドレスは、インターネットに接続される機器に重複しないように割り当てる IP アドレスです。一方のプライベートアドレスは、他の人が使っているかどうかを気にすることなく、自由に使ってよい IP アドレスです。その代わり、プライベートアドレスを持つ機器をインターネットに直接接続することは禁止されています。IPv4 では次の 4 つの範囲がプライベートアドレスとされています。

10.0.0.0 〜 10.255.255.255
172.16.0.0 〜 172.31.255.255
192.168.0.0 〜 192.168.255.255
100.64.0.0 〜 100.127.255.255（ISP Shared Address、2012 年から）

11.2.2 配送のおおまかな仕組み

IP では、IP アドレスを利用して配送を行います。宛先が自分と同じネットワークにあれば直接渡すことができます。しかしそうでない場合には、ネットワーク同士を接続する機器に中継してもらう必要があります。この中継装置を**ルータ**と呼びます。

IP では、送信するデータをパケットという細切れのデータにします。それぞれのパケットには、ヘッダと呼ばれる、荷札に相当する情報が付随しています。ヘッダには、宛先の機器の IP アドレス、送信元の機器の IP アドレスなどの情報が記載されています。

送信元の機器は「ヘッダに書かれた宛先の IP アドレスと自分の IP アドレス」を元に、直接渡せるのか、それとも中継が必要なのかを判断します。もし中継が必要ならば、宛先の IP アドレスをもとに、中継を依頼するルータを決定します。パケットを受け取ったルータでも同様に、ヘッダに書かれた宛先の IP アドレスをみて次にパケットを渡す相手を決め、渡していきます。こうして次々にルータによって中継されることで、最終的に宛先の機器に辿り着くのです。

上記の仕組みを実現するためには、

- 同じネットワークに接続されているかどうか、すなわち直接通信できるかどうかを判定する
- 宛先の IP アドレスから、次にパケットを渡す相手を決める

という 2 つの問題を解決する必要があります。これらの問題をどのように解決しているのかみてみましょう。

IPv4 アドレスの枯渇と World IPv6 Launch

IP アドレスが重ならないように、IP アドレスの割り当てを行う国際的な機関があります。インターネット全体は IANA[a]が、日本を含むアジア太平洋地域は APNIC[b]が担当です。2011 年 2 月 3 日に IANA で割り振りできる IPv4 アドレスがなくなり、2011 年 4 月 15 日には APNIC でも通常の申請で割り振り可能な IPv4 アドレスがなくなりました。(参考:http://www.nic.ad.jp/ja/ip/ipv4pool/) しかし枯渇したからといっても IPv4 の割り振りがまったくできなくなったわけではありません。使わなくなった IP アドレスを回収し再び割り当て直すなどの対応で、新規の利用希望者にも割り当てることは可能となっています。

現在はアドレス空間がより広い **IP バージョン 6**（IPv6）も併用されています。IPv6 では IPv4 の 4 倍の長さである 128 ビットの IP アドレスを使用します。つまり使えるアドレスの数が 2^{32} から 2^{128} へと 2^{96} 倍に広がります。インターネット上の主なインターネットサービスを IPv6 に一斉に完全移行させることを目的として、World IPv6 Launch が 2012 年 6 月 6 日に行われました。

[a] Internet Assigned Numbers Authority
[b] Asia Pacific Network Information Centre

11.2.3 ネットワークアドレスとネットマスク

2つの問題のうち後者については、原理的には、各宛先に対して次にどの機器に渡せばよいかという情報の一覧が、各ルータのところにあればよいことになります。この一覧表を**経路表**といいます。しかし世界中のIPアドレスを網羅しようとすると4億以上の情報を登録しなければならず、現実的ではありません。そこでIPアドレスの機器への割り振り方を工夫し、経路表のサイズを小さくすることを考えます。

ある一つのネットワークに接続された機器のIPアドレスを、ある共通のパターンをもつものだけに限定します。具体的には、例えばIPアドレスが192.168.10.??であるような機器だけを一つのネットワークに接続します。そうすると、宛先のIPアドレスが192.168.10.??という形に一致していれば、同じネットワークにいることがわかり、すなわち直接通信することができると判断できます。逆に一致しなければ、誰かに中継を頼まなければならないことがわかります。

192.168.10.??というIPアドレスたちは上位の24ビットが共通です。IPアドレスのうち、共通な部分を**ネットワーク部**、機器毎に異なる部分を**ホスト部**といいます。宛先のIPアドレスと自分のIPアドレスのネットワーク部が共通であれば、同じネットワークに属していることを意味します。

IPアドレスのうち どの部分がネットワーク部であるかは、**ネットマスク**（netmask）を使って表します。ネットマスクはIPアドレスと同じ長さ（IPv4であれば32ビット、IPv6であれば128ビット）の情報で、ネットワーク部に相当する部分が1、ホスト部に相当する部分が0になっています。先ほどの例は先頭24ビットがネットワーク部だったので、ネットマスクは、32ビットのうち先頭の24ビットが1である255.255.255.0となります。図11.2.2に示すように、IPアドレスとネットマスクのAND（論理積）をとることで、ネットワーク部だけの情報を取り出すことができます。これをネットワークアドレスといいます。

図 11.2.2 IPアドレスとネットマスク

IP Address	11000000	10101000	00001010	00001011
Netmask	11111111	11111111	11111111	00000000
AND	11000000	10101000	00001010	00000000

ひとつのネットワークに所属できるIPアドレスの数は、ネットマスクによって変わります。そこでそのネットワークに所属できるIPアドレスの空間（集合）を、ネットワークアドレスとネットマスクの情報を使って表します。上記の例では、192.168.10.0/255.255.255.0あるいは192.168.10.0/24のようになります。後者は、ネットマスクの1が上位からいくつ連続するか、を使った表記法です。

11.2.4 サブネット

一つのアドレス空間は、さらに細かいアドレス空間に分割することができます。例えば、先ほどの 192.168.10.0 というネットワークは、上位 26 ビットが 1 であるようなネットマスク 255.255.255.192 を使うと、表 11.1 のように 4 つのネットワークに分割することができます。このようにして分けられたネットワークを「サブネットワーク」(もしくは短く「サブネット」)、分ける際に利用したネットマスクを「サブネットマスク」と呼びます。

表 11.1 26 ビットのネットマスクのネットワーク

ネットワークアドレス	IP アドレスの範囲	アドレス空間
192.168.10.0	192.168.10.0 〜 192.168.10.63	192.168.10.0/26
192.168.10.64	192.168.10.64 〜 192.168.10.127	192.168.10.64/26
192.168.10.128	192.168.10.128 〜 192.168.10.191	192.168.10.128/26
192.168.10.192	192.168.10.192 〜 192.168.10.255	192.168.10.192/26

逆に考えれば、これら 4 つのネットワークを表す時に、4 つのネットワークアドレスを個別に示す代わりに、分割前のひとつのネットワークアドレスで代用できることがわかります。これを**集約**（aggregate）といいます。

11.2.5 経路表とデフォルトルート

ルータの経路表に話を戻しましょう。経路表は、基本的には「宛先と次に誰に渡すべきか」の対応表です。ルータは 2 つ以上のネットワークインタフェースをもっているので、「次に誰に渡すべきか」の補足情報として「どのインタフェースから送り出せばよいか」も保持しています。

宛先の部分を集約しアドレス空間の固まりで記述することで、経路表に記述する量を大幅に少なくすることができます。その結果、ルータの経路表には、次のような組が複数格納されることになります。

| ネットワークアドレス/ネットマスク長 | 転送先ホスト | 出力インタフェース |

また「その他の場合」を表す特別な表記方法としてアドレス空間 0.0.0.0/0 が導入されました。これを**デフォルトルート**（default route）と呼びます。これにより、経路表に格納する情報の数はさらに劇的に削減されます。

ルータでは、送られてきたパケットの宛先 IP アドレスを見て、経路表中でネットマスク長の長いものから順に比較していきます。経路表中のネットマスクと送信先 IP アドレスの論理積をとった値と、経路表のネットワークアドレスとの照合を行います。照合の結果、最初に一致した組に記載されている転送先ホストに転送します[2]。デフォルトルートである 0.0.0.0/0 は、

---

[2]「ロンゲスト・マッチ」(longest match) と呼ばれています。

上記の演算をすると無条件に一致するパターンなので、他のどの組とも一致しなかった場合にはここで指定された転送先ホストに渡されることになります。

ルータ以外の末端のパソコンの場合には、自分のIPアドレス、所属するネットワークを判別するためのネットマスク、デフォルトルートの情報を設定します。宛先IPアドレスと自分のIPアドレスとネットマスクを元に直接通信できるかどうか判定します。直接通信できないならばデフォルトルートで指定された機器に中継を依頼します。

11.2.6 パケット通信の例

ここでは、これまで説明して来たことを具体例を使ってみていきます。

図11.2.3に示したネットワークにおいて、LAN1,LAN2,LAN3の3つのネットワークのサブネットマスクはいずれも255.255.255.0、すなわちホスト部は8ビットであるとします。また各機器の経路表は、表11.2, 11.3, 11.4に示すようになっているものとします。

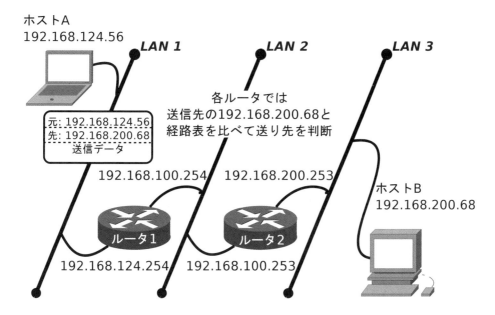

図 11.2.3 パケットの転送

表 11.2 ホスト A の経路表

送信対象	送り先	出力インタフェース
192.168.124.0/24	宛先（直接渡せる）	右の線
デフォルトルート	192.168.124.254	右の線

表 11.3 ルータ 1 の経路表

送信対象	送り先	出力インタフェース
192.168.124.0/24	宛先（直接渡せる）	左下の線
192.168.100.0/24	宛先（直接渡せる）	右上の線
192.168.200.0/24	192.168.100.253	右上の線

表 11.4 ルータ 2 の経路表

送信対象	送り先	出力インタフェース
192.168.100.0/24	宛先（直接渡せる）	左下の線
192.168.200.0/24	宛先（直接渡せる）	右上の線
192.168.124.0/24	192.168.100.254	左下の線

ホスト A（192.168.124.56）からホスト B（192.168.200.68）宛にパケットを送信するときには次のように処理が行われます。

1. ホスト A は、送信先アドレスに 192.168.200.68 を、送信元アドレスに 192.168.124.56 をセットしたパケットを組立てます。

    ホスト A は、自分の経路表を参照し、送信先アドレスが 192.168.124.0/24 に所属しているか判定します。送信先アドレス（192.168.200.68）からネットワーク部を取り出すには、以下のようにサブネットマスク（255.255.255.0）を利用します。

    $$
    \begin{array}{r}
    11000000.10101000.11001000.01000100 \\
    11111111.11111111.11111111.00000000 \\
    \hline
    11000000.10101000.11001000.00000000
    \end{array}
    $$

    この結果は 192.168.200.0 となり 192.168.124.0 とは一致しません。すなわち送信先アドレスは同じネットワークに所属しておらず、直接通信ができません。そこで、経路表の次の行にデフォルトルータとして指定されている 192.168.124.254 つまりルータ 1 にパケットを渡します。

2. ルータ 1 でも同様に経路表をみて処理を決定します。順に試していくと経路表の 3 行目がマッチし、右上のインタフェースから 192.168.100.253 つまりルータ 2 に転送します。

3. ルータ 2 でもルータ 1 と同様に処理を行います。ここでは経路表の 2 行目がマッチし、右上の線から出力すれば直接通信できることがわかります。そこで 192.168.200.68 つまりホスト B へ転送します。

4. ホスト B では、受け取ったパケットの宛先アドレスをみて、確かに自分宛のパケットであることを確認し、内容を取り出します。

11.3 トランスポート層

IP は機器間の通信を可能にしますが、「可能にする」だけで「正しく通信ができることを保証する」わけではありません。IP では「通信できるように最善の努力はする[3]が届かないこともある」と割り切っています。送ったデータが正しく届いたかどうかを制御するのは、トランスポート層の役割です。トランスポート層のプロトコルには有名なものが2つあります。**TCP**（Transmission Control Protocol）と、**UDP**（User Datagram Protocol）です。

TCP —— TCP は信頼性を確保して通信を行うコネクション型のプロトコルです。信頼性のない IP リンク上に、アプリケーションで利用可能な信頼できる仮想的な通信路を確立します。信頼性を確保するために、送出する TCP セグメントには通し番号が割り振られ、また受け取った側は受け取ったことに対する確認応答（ACK の送出）を行うので、どうしてもオーバーヘッドが大きくなるという欠点があります。

UDP —— UDP は、コネクションレス型の通信形態（ヘッダには送受信のポート番号、長さ情報とチェックサムのみを付加）で、フロー制御や誤り制御などを行いません。信頼性は低いのですがオーバーヘッドは小さいため、リアルタイム性が重視される IP 電話等やストリーミングメディアなどに用いられます。

トランスポート層のもう一つの役割は通信主体の識別です。IP によって、インターネットに接続された機器同士の通信はできますが、サーバと呼ばれている機器では大抵複数のサービスを行っています。どのサービスと通信をしたいのかを識別するために、トランスポート層では**ポート**というものを考えます。これはちょうど市役所での窓口のようなものです。特定のサービスと通信を行うためには、図 11.3.4 に示すようにサーバの IP アドレスに加え、サービスが利用しているポート番号を指定します。

広く使われているサービスは使用するポート番号が決まっており、1024 未満の番号が割り当てられています。例えば Web サーバの場合には 80 番、電子メールの受付は 25 番などです。

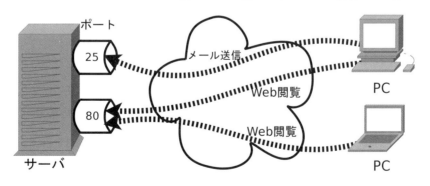

図 11.3.4　TCP のポート

---

[3] ベストエフォート型といいます。

11.4 DNS の仕組み

10.4 節で、IP アドレスの代わりにドメイン名やホスト名が使えるようになっていることを紹介しました。ここでは、ホスト名から IP アドレスに変換する DNS が、どのような仕組みで実現されているのか、みてみましょう。

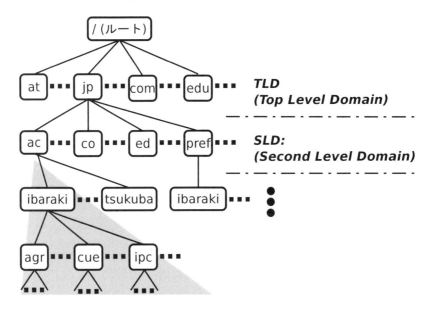

図 11.4.5　DNS のドメインの階層と管理対象

10.4 節でも述べましたが、ドメイン名は図 11.4.5 に示すように階層的な構造を持っています。「jp」など、ドメイン名の一番最後の部分は、階層的にはルート直下に配置されており、トップレベルドメイン（Top Level Domain；TLD）と呼ばれます。その次の階層は SLD（Second Level Domain）となります。

DNS では、このドメインの各階層毎にサーバを割り当て、情報を分散管理しています。この管理対象をゾーンといいます。例えば ac.jp に関することは「ac.jp ゾーン」といい、jp の下の ac のところを担当するサーバが管理しています。

www.ibaraki.ac.jp というホスト名は、ibaraki.ac.jp ゾーン、ac.jp ゾーン、jp ゾーンのいずれにも属しているといえます。しかし、jp ゾーンを管理するサーバや、ac.jp ゾーンを管理するサーバでは、www.ibaraki.ac.jp の情報を管理していません。

「jp ゾーンを管理するサーバ」は、ac.jp ゾーンに関することについては「ac.jp ゾーンを管理するサーバ」に任せています。これを管理権限委譲といいます。同様に「ac.jp ゾーンを管理するサーバ」も ibaraki.ac.jp ゾーンに関することを「ibaraki.ac.jp ゾーンを管理するサーバ」に委譲しています。ルートサーバも、日本（jp）やオーストリア（at）等の国などの TLD を管理するサーバを知っていて、管理権限を委譲しています。

DNS にホスト名から IP アドレスへの変換依頼がくると、通常、大元（ルート）サーバから問い合わせの処理を開始します。

今、www.ibaraki.ac.jp の IP アドレスを知りたいという問い合わせがあったとすると、まずルートサーバに問い合わせます。ルートサーバは、jp ゾーンに関する権限を委譲している「jp ゾーンを管理するサーバ」に聞けばいい、と回答します。「jp ゾーンを管理するサーバ」に同様に問い合わせをすると、「ac.jp ゾーンを管理するサーバ」に聞け、という回答が来ます。最終的に、www.ibaraki.ac.jp に関する問い合わせは、「ibaraki.ac.jp ゾーンを管理しているサーバ」までやってきます。

ibaraki.ac.jp ゾーン（図 11.4.5 のグレーになっているところ）の情報は、茨城大学が管理しています。ここまで問い合わせがくれば、www.ibaraki.ac.jp という名前のホスト名が存在するかどうか、もしあるなら対応する IP アドレスが何かを調べ、回答することができます。

このようにして、世界中の各組織にある、ゾーンを管理するサーバが協調動作することによって、DNS 全体がうまく機能しているのです。

DNS のルートサーバ

DNS のルートサーバは、技術的な制約により 13 台までしか存在できません。つまり、たった 13 台のサーバを機能不全に追い込むことができれば、DNS 全体が止まることを意味しています。そのため、ルートサーバが DNS の弱点と考えられていました。

しかし現在は、エニィキャスト（anycast）と呼ばれる「複数のサーバに同じ IP アドレスを付与する技術」を用いることで、実際には数十台のルートサーバが存在しています。

DNSSEC

我々がインターネットのサービスを利用するとき、IP アドレスを直接入力することは皆無といってよいでしょう。つまり、DNS はインターネットサービスの要の一つということができます。

DNS が間違ったデータを答えるようになると大混乱になります。そこで、DNS で提供するデータが正しい（攻撃者によって書き換えられていない）ことを証明する必要が生じました。そこで DNS の運用において、暗号技術の一つである**電子署名**を利用することが始まりました。これが、セキュリティ（Security）を強化した DNS である **DNSSEC** です。これにより正しいデータが提供されていることを確認できるようになり、（例えば）攻撃者が用意した偽の Web ページに誘導されることが防止できます。

DNSSEC はまだ充分に普及していませんが、今後広まっていくと考えられています。

11.5 電子メールの舞台裏

11.5.1 電子メールシステム

図 11.5.6 は、会社のパソコンから、家のパソコンにメールを送る時の流れを示したものです。この例では、会社は自社のメールサーバを持っています。一方、家では ISP と契約をしていて、そこのメールサーバを利用しています。

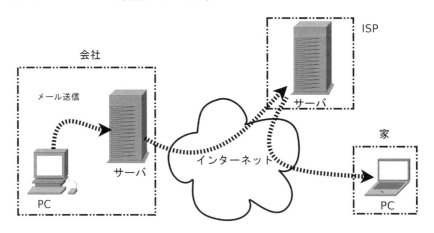

図 11.5.6 電子メールシステム

電子メールの配送は、複数のプログラムの連携によって実現されており、メールの配信を司る MTA（Mail Transfer Agent）と皆さんがメールを送ったり読んだりするときに使う MUA（Mail User Agent）の2種類に大別できます。MTA は図 11.5.6 中のサーバと書かれている所で、MUA は PC と書かれている所で動いています。

会社から自宅にメールを送るとき、次のような処理が行われています。

1. 会社の PC の MUA でメールを書いて、会社のサーバ上の MTA に送信します。
2. MTA は送り先を見て、次にどの MTA に送るかを判断します。図では ISP の MTA に送信しています。
3. 電子メールが ISP の MTA に届いたので、家の PC にインストールされている MUA でメールチェックをすると、届いている電子メールを読むことができます。

11.5.2 電子メール関連のプロトコル

MTA や MUA の間で電子メールを送信するときのプロトコルをみてみましょう。代表的なプロトコルは、SMTP（Simple Mail Transfer Protocol）, POP（Post Office Protocol）, IMAP（Internet Message Access Protocol）等で、これらはすべてアプリケーション層におけるプロトコルです。メールにおける通信のパターンと使用されるプロトコルを表 11.5 に示します。

11.5 電子メールの舞台裏

表 11.5 メール配信関連のプロトコル

パターン	プロトコル
MUA → MTA （PC で書いた電子メールをサーバに送る場合）	SMTP
MTA → MTA （電子メールをサーバから別のサーバに送る場合）	SMTP
MTA → MUA （サーバに届いた電子メールを PC などで読む場合）	POP, IMAP

POP と IMAP の違いは次の通りです。

表 11.6 メール取得時のプロトコル

POP	サーバ（MTA）から PC の MUA に電子メールをコピーします。その際、MTA 上には電子メールを残すことも残さないこともできます。電子メールの保存・削除・既読管理は MUA 上で行われます。
IMAP	サーバ（MTA）から PC の MUA に電子メールを（基本的には）コピーしません。電子メールの保存・削除・既読管理は MTA 上で行われます。PC 上では基本的に電子メールのデータを残しません。

最近よく利用されるようになった Web メールシステムは、Web ブラウザさえあれば、どこからでもメールの送受信ができる方式です。Web ブラウザが動いている PC はメールサーバ（MTA）と直接通信しておらず、図 11.5.7 に示すように Web サーバを中継して操作されます。つまり、MUA は Web サーバ上で動いており、その MUA を PC 上の Web ブラウザで操作しているということになります。Web サーバと PC の間は、単なる Web ブラウザと Web サーバの間の通信ですから、http あるいは https が利用されます。

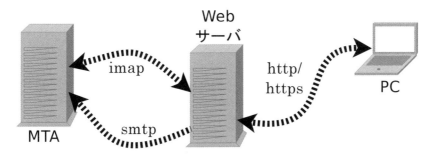

図 11.5.7 Web メールシステム

11.5.3 迷惑メール対策

ここでは代表的な迷惑メール対策技術である「SPF」(Sender Policy Framework) と「DKIM」(DomainKeys Identified Mail) を紹介します。これらは共に、迷惑メールが、送信者情報や送信元のホスト名を偽って送信されることが多いという性質を利用します。DNS の中に自組織の特別なデータを登録をして、正しいサーバから送信されたメールであるかどうかを判別します。

SPF では、自組織の MTA が稼働しているサーバの IP アドレスを DNS に登録し公開します。電子メールを受け取る側では、メール中の差出人アドレスをもとに SPF 情報を問い合わせ、DNS に掲載された IP アドレスとメールの送信元の IP アドレスとを比較します。一致しない場合には、偽装されたメールであることが疑われますから、電子メールを受け取らないという選択ができます。SPF でチェックした結果「正しいサーバから送信された」と判断されると、メールのヘッダに検証結果が追記されます（図 11.5.8 の第 1 ブロック）。

DKIM では暗号の技術である電子署名を利用します。メールを送るときに MTA が個々の電子メールに電子署名を付与し、ヘッダに記載します（図 11.5.8 の第 2 ブロック）。電子メールを受け取った MTA では、DNS で公開されている公開鍵を使って署名を検証します。署名が検証できなければ受信を拒否し、正しい場合には受信の上、検証結果をヘッダに記載します（図 11.5.8 の第 3 ブロック）。

```
Received-SPF: pass (my.example.jp: 192.168.12.12 is authorized
    to use 'mx-admin@mx.example.jp' in 'mfrom' identity
    (mechanism 'ip4:192.168.12.23/29' matched)
    receiver=my.example.jp; identity=mailfrom;
    envelope-from="mx-admin@example.jp";
    helo=my.example.jp; client-ip=192.168.12.12

DKIM-Signature: v=1; a=rsa-sha256; c=simple/simple;
    d=mx.example.jp; s=key01; t=1358415472;
    bh=f6IV0angv016nZtEPH9XWxqdBOwDGDZf4NYOMmVfbuA=;
    h=MIME-Version:Message-ID:Date:From:To:Subject:Content-Type:
     Content-Transfer-Encoding;
    b=m+ooe+fbWixypdjHi6sfI4p5IdDPjNIid1UuOw/d8B3tywBGT1ukG2lXM
     UFOyCyPlu6aapzFazUNKyQgAf8ti2Iu233fH9OV8WNSm6kxmJC62CzbfrH
     kIjgvOPJYGeDS4b1X/p1AtODN+IriyX1Uj71riEgfglnhd29X9tfxgD8=

Authentication-Results: my.example.jp;
    dkim=pass (1024-bit key) header.i=@my.example.jp;
    x-dkim-adsp=none
```

図 11.5.8 迷惑メール対策によるヘッダ

11.6 WWW の舞台裏
11.6.1 HTTP

ここでは HTTP（Hyper Text Transfer Protocol）と呼ばれる、Web ブラウザと Web サーバの間の通信に用いられるプロトコルについて、詳しくみていきます。HTTP は、アプリケーション層のプトロコルの一つで、TCP によるコネクションを通してやり取りされます。

Web ブラウザに「`http://www.ipc.ibaraki.ac.jp/index.html`」という URL を与えた時に、何が行われているのかみてみましょう。以下の手順のうち、手順 3 と手順 4 のやりとりの部分が HTTP プロトコルになります。

1. Web ブラウザは URL を分解し、DNS を使って www.ipc.ibaraki.ac.jp というホスト名をもつサーバを探します。見つからなければ Host Unknown となります。

2. URL の scheme の部分が http であることから、Web サーバの 80 番ポートに TCP で接続します。接続できなければそのホストでは Web サービスが動いていません。

3. 接続できたら目的のデータの要求（リクエスト）を行います。

   ```
   GET /index.html HTTP/1.0 ↓
   HOST: www.ipc.ibaraki.ac.jp ↓
   ↓
   ```

   ここで「↓」は改行コードを表します。最後に空行があることに注意してください。リクエストの種類には、GET の他に HEAD、POST などがあります。

4. Web サーバはリクエストを処理し、指定されたファイル /index.html があるか確認します。ファイルがあれば、/index.html ファイルの内容にレスポンスヘッダを付加して Web ブラウザにレスポンスとして送信します。

   ```
   HTTP/1.0 200 OK
   Date: Mon 21 Jul 2014 16.30.00 GMT
   Server: Apache/2.2.19 (Unix) PHP/5.4.0 ...
   Content-type: text/html
   Content-length:

   <html>
   ...
   </html>
   ```

5. Web サーバはレスポンスを送り終わったら、TCP の回線を切断します。

手順4のレスポンスを詳しくみてみましょう。

- 1行目の200という数字は「処理成功」を意味します。他に400番台はクライアント側に原因のあるエラー、500番台はサーバ側に原因のあるエラーなどがあります。例えば/index.htmlファイルがなければ、存在しないファイルを要求したWebブラウザ側に非があるので「404 File Not Found」というレスポンスヘッダを送り返します。
- 4行目の「text/html」は送り返されるデータの形式を表しています。
- <html>～</html>が/index.htmlファイルの内容です。

11.6.2 サーバ証明書

10.7.2節で、Webの安全性のためにサーバ証明書という技術があることを紹介しました。ここでは、証明書がどういう仕組みなのか、説明します。

サーバ証明書とは、Webサーバの身分証明書です。身分証明書ですから、自分で「私は確かに私です。私が保証します。」といっても信用されません。身分証明書は、信用できる第三者が「保証」してくれることで初めて信用できるようになります。

この「信用できる第三者」の役割を果たすのが、**認証局**（Certificate Authority；CA）と呼ばれる組織です。まず、みんなが無条件に信用するCAをいくつか定めます。これらは**ルートCA**と呼ばれます。ルートCAは、個々のWebサーバについて充分調査/確認をした上で、個々のWebサーバのサーバ証明書を発行します。

ルートCAが直接Webサーバの証明書を発行する代わりに、別の新しい組織を新しい認証局（CA）として信頼できることを証明することもできます[4]。その新しいCAが、個々のWebサーバにサーバ証明書を発行することもあります。

サーバ証明書の中身は、簡単にいうと、Webサーバの素性の情報、Webサーバの公開鍵、有効期間、管理組織などの情報に対して、ルートCAの電子署名が付与されたものです。つまりサーバ証明書が正しいか検証するためには、対応するルートCAの公開鍵が必要です。

実は皆さんの持っているPCの中には、ルートCAの証明書（すなわちルートCAの公開鍵）が入っています。この公開鍵を用いて、Webサーバから呈示されたサーバ証明書の検証が行われます。検証が成功すれば、Webサーバのサーバ証明書の内容をルートCAが保証している、ということがわかります。

図11.6.9は、とあるWebサーバのサーバ証明書の情報の一部です。図の中頃に信頼性の連鎖がどのようになっているかが示されています。ここでのルートCAは「Security Communication RootCA1」であり、そこから信頼できると証明されたCAが「UPKI[5]」で、そのCAからサーバ証明書が発行されたことが分かります。

---

[4] このような信頼の繋がりを「信頼の連鎖」と呼びます。
[5] University Public Key Infrastructure

図 11.6.9　サーバ証明書の信頼の連鎖

11.6.3　SSL（Secure Socket Layer）

Webサーバのサーバ証明書は、WebサーバとWebブラウザの間の暗号通信用の共通暗号鍵の生成時にも利用されます。具体的な手順を次に示します。

1. WebサーバからWebブラウザへ証明書（Webサーバの公開鍵を含む）を送信
2. Webブラウザでサーバ証明書の検証　（ルートCAの証明書を利用）
3. Webブラウザで共通鍵の元となるデータを作成しサーバ公開鍵により暗号化
4. Webブラウザで暗号化された元データをWebサーバへ送信
5. WebサーバでWebサーバの秘密鍵にて元データを復号
6. WebサーバとWebブラウザは個別に、元データから共通鍵を生成
7. 共通鍵暗号を利用した通信開始

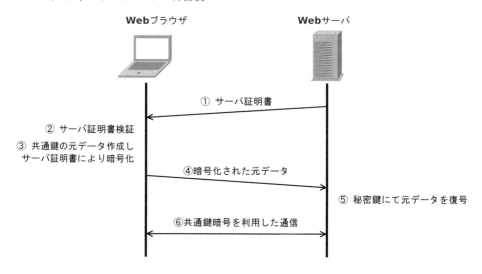

図 11.6.10 WWW における SSL 通信手順

　以上で述べた内容は Web サーバと Web ブラウザの間の通信に関するものですが、プログラムから通信ポートを利用するときには、**ソケット**（socket）と呼ばれる機構を使うことから、「ソケットを使った安全な通信のための層」という意味で SSL（secure socket layer）と呼ばれています。

11.7　無線 LAN の干渉

　無線 LAN の規格で現在よく利用されているものとして、2.4GHz 帯を利用する IEEE 802.11b/g/n と 5GHz 帯を利用する IEEE 802.11a/n/ac があります。実際には、それぞれの「帯」の中は、さらにいくつかのチャネルに分けて利用されています。その割り当てを図 11.7.11、図 11.7.12 に示します。

　同じ空間に同じ周波数の電波を飛ばすと互いに影響を及ぼし合ってしまい、正常に通信することができなくなります。これを「干渉」といいます。

　図 11.7.11 を見て分かる通り、2.4GHz 帯を利用する場合、周波数がぶつからないためには、チャネルを 2 つあける必要があります。例えば、チャネル 7 を利用している場合には、チャネル 5〜9 までの電波の影響を受けてしまいます。同じ 2.4GHz 帯でもう一つ別のネットワークを（干渉なく）利用するためにはチャネルを 2 つ飛ばして、チャネル番号が小さい方は 4 以下に、大きい方は 10 以上にしなければならないのです。

　5GHz 帯の場合には、図 11.7.12 を見て分かる通り、利用できるチャネル間では相互の電波干渉が起こらないように設計されています。ただし W56 に分類されるものは屋外でも利用できますが、W52 と W53 は電波法で屋内だけの利用に制限されていることに注意が必要です。

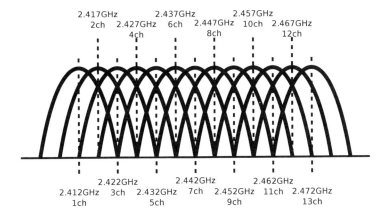

図 11.7.11　IEEE 802.1b/g/n の周波数帯

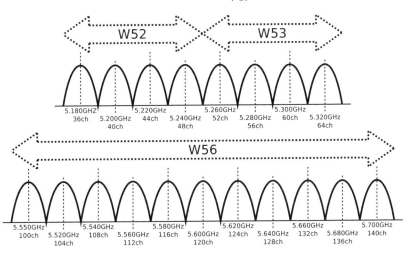

図 11.7.12　IEEE 802.1a/n の周波数帯

電波干渉

　IEEE 802.11b/g/n で利用する 2.4GHz 帯は、電子レンジや Bluetooth でも利用しています。電子レンジを利用している時に、無線 LAN を使っている PC のネットワーク環境が不安定になる場合には、チャネルを変更してみると改善されるかもしれません。

　IEEE 802.11a/n/ac で利用する 5GHz 帯の W53、W56 は気象レーダー等でも利用しています。こちらはチャネルを自動的に変更する仕組みになっているので、干渉によって一時的に通信ができなくなることがあっても、自動的に利用可能な状態になります。

11.8 RFC を読んでみよう

IETF で作成している技術資料である RFC（Request For Comments）は、インターネットの仕組みを知る上で非常に重要な文書です。「コメントを貰うための技術資料」と名打っています[6]が、事実上これによってインターネット上の技術標準が定められているといっても過言ではありません。例えば、「メールアドレスの形式」に関する RFC には、「.」（ピリオド）が続いてはならないとか、「@」の直前が「.」であってはならないといった決まりが記載されています。

RFC はある程度決まったフォーマットに従って書いてあり、またすべての文書には通し番号が付与されています。取っ付きにくいかもしれませんが、興味のある人はぜひ読んでみてください。中にはエイプリルフールに作られるジョーク RFC もあって面白いですよ。

図 11.8.13　RFC5322

図 11.8.13 に、「RFC5322」の冒頭部分を示します。次のような情報が記載されていることが判ります。特に 2 と 3 からは、その RFC になるまで改良の経緯を知ることができます。

1. 通し番号
2. この RFC により無効になった RFC
3. 更新前の番号
4. 著者
5. 発行年月
6. 題名

---

[6] あくまでコメントをもらうためのドキュメントであって、成果の公表ではないという考え方。これはインターネット関係のものは ARPA/DARPA による資金援助があり公表できないため、普及を図るためにとったトリックといわれている。

---インターネット技術の標準化機構---

インターネットは、10.2 節でも述べたように、相互接続したネットワーク同士が通信プロトコルを守ることによって成り立っています。このような通信プロトコルは、以下のような機関や仕組みで決められています。

インターネット関連技術の標準化機構

ITU	International Telecommunication Union（国際電気通信連合）。スイスのジュネーブに本部があります。ITU-T（Telecommunication 部門）、ITU-R（Radio communication 部門）、ITU-D（Development 部門）があります。
IETF	Internet Engineering Task Force。TCP/IP などインターネットで利用される技術を標準化する組織です。作成された技術仕様は RFC（Request for Comments）として公表されます。
ISO	International Organization for Standardization（国際標準化機構）。物あるいはサービスの国際交流を容易にし、科学技術活動や経済活動分野での国際協力を助長するために工業規格の国際的な統一を行う目的で 1946 年に設立された非政府機関です。日本における JIS（日本工業規格）の国際版にほぼ相当します。
IEEE	Institute of Electrical and Electronic Engineers（米国電気電子学会）。「アイ・トリプル・イー」と発音します。デファクトスタンダード、すなわち事実上の業界標準規格です。ビデオ規格の VHS 規格、MS-DOS、Windows、TCP/IP、802 グループ規格などを定めたところです。
ANSI	American National Standards Institute（米国国家規格協会）。「アンシ」や「アンジ」と呼ばれます。日本における JIS の米国版にほぼ相当します。

11.9 演習問題

練習 1. Windows が動いているパソコンにおいて、ipconfig コマンドを使って、自分のパソコンに設定されているネットワーク情報を表示してみましょう。IP アドレスや MAC アドレスなどが判ります。コマンドプロンプトを起動し、下記のようにコマンドを実行してみましょう。

- ipconfig Enter
- ipconfig /ALL Enter

練習 2. Windows が動いているパソコンにおいて、nslookup コマンドを使って、DNS への問い合わせを行い、IP アドレスと名前 (ホスト名.ドメイン名) の対応付けを確認してみましょう。コマンドプロンプトを起動し、下記のように入力してみましょう。

- nslookup www.ipc.ibaraki.ac.jp Enter
- nslookup 157.80.5.30 Enter
- でたらめなホスト名や IP アドレスを指定した場合はどのようになるのか確認してみましょう。

練習 3. Windows が動いているパソコンにおいて、telnet コマンドを使って Web サーバにリクエストを送信し、どのようなレスポンスがあるのか確認してみましょう。まずコマンドプロンプトを起動し、下記の作業をしてみましょう。レスポンス中に 200 という数字が書かれていれば成功です。もし、その他の数字が書かれている場合には、どこに誤りがあるのか考えてみましょう。

1. Z:> telnet www.ipc.ibaraki.ac.jp 80 Enter
2. カーソルが点滅している状態で、Ctrl を押しながら] を押す。
3. Microsoft Telnet> set localecho Enter
4. Enter
5. GET /index.html HTTP/1.0 Enter
6. HOST:www.ipc.ibaraki.ac.jp Enter
7. Enter

練習 4. IP ネットワークにおけるルータに関する記述のうち適切なものはどれでしょう。

1. IP アドレスとドメイン名を対応付ける。
2. IP アドレスを利用してパケット転送の経路を選択する。
3. アナログ信号とディジタル信号を相互に変換する。
4. ほかのコンピュータから要求を受けて、処理の実行やデータの提供を行う。

練習 5. プライベートアドレスの 3 つの空間をスラッシュ「/」を使って表現してみましょう。

関 連 図 書

[1] 山口和紀 監修:「新 The UNIX Super Text (上)(下)」, 技術評論社 (平成 15 年 3 月 25 日)

[2] 佐々木良一 著, 宝木和夫 著, 櫻庭健年 著, 寺田真敏 著, 浜 成泰 著:「インターネットセキュリティ (基礎と対策技術)」, オーム社 (平成 9 年 12 月 20 日)

[3] 熊谷誠治 著:「誰も教えてくれなかった インターネット・セキュリティのしくみ」, 日経 BP 社 (平成 11 年 5 月 1 日)

[4] 情報処理推進機構:「IT 時代の危機管理入門 情報セキュリティ読本」, 実教出版 (平成 16 年 10 月 16 日)

[5] 藤原宏高 著, 平出晋一 著:「プログラマのための著作権法入門」, 技術評論社 (平成 3 年 12 月 25 日)

[6] 酒井雅男 著, メディア・トゥディ研究会:「知らなかったではすまされない デジタル時代の著作権最新 Q & A」, ユーリード出版 (平成 15 年 6 月 30 日)

[7] 黒田法律事務所, 黒田特許事務所:「図解でわかる デジタルコンテンツと知的財産権」, 日本能率協会マネジメントセンター (平成 13 年 7 月 1 日)

[8] プロジェクトタイムマシン:「コンピュータユーザのための著作権&法律ガイド」, 毎日コミュニケーションズ (平成 14 年 9 月 30 日)

[9] 社団法人コンピュータソフトウェア著作権協会:「マルチメディア時代の著作権基礎講座 (改訂第 6 版)」, 社団法人コンピュータソフトウェア著作権協会 (平成 10 年 10 月 1 日)

[10] 舟山聡 著:「インターネットとプライバシー「個人情報保護」の考え方」, IT プロフェッショナルスクール (平成 14 年 12 月 1 日)

[11] 山住富也 著, 湯浅聖記 著:「ネットワーク社会の情報倫理」, 近代科学社 (平成 17 年 10 月 30 日)

[12] 大澤幸生 著, 角康之 著, 松原繁夫 著, 西村俊和 著, 北村泰彦 著:「情報社会とデジタルコミュニティ」, 東京電機大学出版局 (平成 14 年 7 月 20 日)

[13] 岡田仁志 著, 高橋郁夫 著, 島田秋雄 著, 須川賢洋 著:「IT セキュリティカフェ ― 見習いコンサルタントの事件簿 ―」, 丸善 (平成 18 年 12 月 25 日)

[14] 三輪信雄 著:「セキュリティポリシーでネットビジネスに勝つ」, NTT 出版 (平成 12 年 6 月 5 日)

[15] 打川和男 著：「市場の失敗事例で学ぶ 情報セキュリティポリシーの実践的構築手法」, オーム社（平成 15 年 4 月 23 日）

[16] 矢野直明 著, 林紘一郎 著：「倫理と法 − 情報社会のリテラシー」, 産業図書（平成 20 年 4 月 25 日）

[17] 榊正憲 著：「コンピュータの仕組み ハードウェア編 （上）（下）」, アスキー（2004）

[18] 矢沢久雄 著：「コンピュータはなぜ動くのか〜 知っておきたいハードウエア＆ソフトウエアの基礎知識」, 日経ソフトウエア（2003）

[19] 矢沢久雄 著：「プログラムはなぜ動くのか 第 2 版 知っておきたいプログラムの基礎知識」, 日経ソフトウエア（2007）

[20] 矢沢久雄 著：「情報はなぜビットなのか 知っておきたいコンピュータと情報処理の基礎知識」, 日経ソフトウエア（2006）

[21] Martin Campbell‐Kelly 原著, 山本菊男 翻訳：「コンピューター 200 年史—情報マシーン開発物語」, 海文堂出版（1999）

[22] 竹内伸 著：「実物でたどるコンピュータの歴史（東京理科大学 坊っちゃん科学シリーズ）」, 東京書籍（2012）

[23] 能澤徹 著：「コンピュータの発明」, テクノレヴュー（2003）

[24] C&C 振興財団：「コンピュータが計算機と呼ばれた時代」, アスキー（2005）

[25] 梅津信幸 著：「あなたはコンピュータを理解していますか? 10 年後、20 年後まで必ず役立つ根っこの部分がきっちりわかる！」, ソフトバンク クリエイティブ（2007）

[26] 姫野龍太郎 著：「絵でわかるスーパーコンピュータ（絵でわかるシリーズ）」, 講談社（2012）

[27] 久野靖 監修, 辰己丈夫 監修, 佐藤義弘 監修 ：「キーワードで理解する最新情報リテラシー」, 日経 BP 社; 第 4 版（2011/12/8）

[28] 川合慧 著：「情報（東京大学教養学部テキスト）」, 東京大学出版会（2006/1/26）

[29] 池田純一 著：「ウェブ×ソーシャル×アメリカ」, 講談社（2011/3/18）

[30] 日吉図書館 慶應義塾大学日吉メディアセンター：「引用と参考文献」, web 資料 URL http://www.hc.lib.keio.ac.jp/en/studyskills/pdf/writing.pdf （2012/12 閲覧）

[31] 小田嶋隆 著：「小田嶋隆のコラム道」, ミシマ社（2012/5/21）

[32] 木下是雄 著：「理科系の作文技術」, 中公新書（1981/01）

[33] G. ポリア 著, 柿内賢信 訳：「いかにして問題を解くか」, 丸善; 第 11 版（1975/4/1）

[34] 谷口滋次 著, 飯田孝道 著, 田中敏宏 著, John D. Cox 原著：「英語で書く科学・技術論文」, 東京化学同人（1995/06）

[35] 仲俣暁生 著：「再起動せよと雑誌はいう」, 京阪神 L マガジン（2011/11/25）

[36] Creative Commons 日本法人：「クリエイティブ・コモンズ・ライセンスとは」, web 資料 URL http://creativecommons.jp/licenses/ （2013/01 閲覧）

[37] http://www.iprchitekizaisan.com：「ネコにもわかる知的財産権」, web 資料 URL http://www.iprchitekizaisan.com/ （2013/01 閲覧）

[38] 佐藤俊樹 著：「社会は情報化の夢を見る—［新世紀版］ノイマンの夢・近代の欲望」, 河出文庫（2010）

[39] フランク・ローズ 著, 島内哲朗 翻訳：「のめりこませる技術 —誰が物語を操るのか」, フィルムアート社（2012）

[40] 亀田達也 著：「合議の知を求めて —グループの意思決定—」, 共立出版（1997）

[41] チップ・ハース 著, ダン・ハース 著, 飯岡美紀 翻訳：「アイデアのちから」, 日経BP社（2008）

[42] ガー・レイノルズ 著, 熊谷小百合 翻訳：「プレゼンテーション Zen 第2版」, ピアソン桐原（2012）

[43] 奥村晴彦："「ネ申 Excel」問題", web 資料 URL http://oku.edu.mie-u.ac.jp/~okumura/SSS2013.pdf, http://oku.edu.mie-u.ac.jp/~okumura/SSS2013slide.pdf （2014/9/4 閲覧）

索　引

● アルファベット ●

ANSI ················· 149
bit ···················· 99
Brute Force Attack ······· 3
BYOD ················· 40
CA ··················· 144
CPU ·················· 93
Creative Commons ····· 34
DHCP ················ 123
DKIM ················ 142
DNS ················· 122
DNSSEC ·············· 139
EUC ················· 106
Facebook ············· 20
GPL ·················· 35
HTML ················ 17
HTTP ················ 143
IC ···················· 93
IEEE ················· 149
IETF ················· 149
IMAP ················ 141
IPv4 ················· 131
ITU ·················· 149
JIS ··················· 104
LAN ················· 118
MS-Excel ············· 84
MS-PowerPoint ······· 86
MS-Word ············· 84
MTA ················· 140
MUA ················· 140
Office ソフトウェア ···· 83
OS ··················· 98
OSI ·················· 149
OSI 参照モデル ········ 130
P2P ファイル共有システム · 22
PDS ·················· 35
POP ················· 141
RFC ················· 148

Shift JIS ············· 105
SLD ················· 138
SMTP ··············· 141
SNS ·················· 19
SPF ················· 142
SSD ·················· 95
SSID ················ 128
SSL ················· 145
TCP ················· 137
TLD ················· 138
Twitter ··············· 20
UDP ················ 137
Unicode ············· 106
UPKI ················ 144
WAN ················ 118
Weblio ··············· 71
WEP ················ 128
Wikipedia ············ 71
WPA ················ 128
WPA2 ··············· 128
WWW ················ 16
XML ················· 85

● あ行 ●

アカウント ············· 1
アクセス制御 ·········· 1
アナログ ·············· 99
アプリケーションソフト ·· 99
アルゴリズム ·········· 114
暗号 ················· 124
一次情報源 ············ 65
インターネット ······· 118
引用 ·················· 32
ウィルス対策ソフトウェア · 48
オークション詐欺 ······ 45
オペレーティングシステム · 98
オンライン辞書 ········ 71

● か行 ●

外部記憶装置 ·········· 95
共通鍵暗号方式 ······· 125
クラウド ·············· 20
クラッカー ············ 28
クラッキング ·········· 28
クリティカルシンキング · 47
グローバルアドレス ··· 131
公開鍵暗号方式 ······· 126
公衆無線 LAN ········· 56
コンテンツ ············ 65
コンパイル ··········· 114
コンピュータ犯罪 ····· 42
コンピュータウイルス · 43
コンピュータネットワーク · 118

● さ行 ●

サーバー証明書 ······· 144
サブネット ··········· 134
参考文献 ·············· 82
シェアウェア ·········· 35
シーザー暗号 ········· 124
ステルスマーケティング · 52
スパイウェア ·········· 43
総当たり攻撃 ··········· 3
ソーシャルネットワーキング
　　サービス ·········· 19
ソフトウェア ·········· 90

● た行 ●

知的財産権 ············ 30
著作権 ················ 30
ツイッター ············ 20
通信プロトコル ······· 121
ディジタル ············ 99
データベース ·········· 86
データ圧縮 ··········· 110
デバイスドライバ ······ 99
デフォルトルート ····· 134

電子署名……………………126
電子メール ……………8, 140
電波干渉……………………147
動作周波数 ………………… 94
トランスポート層…………137

● な行 ●

認証局………………………144
ネットマスク………………133
ネットワーク ……………… 97
ネットショッピング ……… 23

● は行 ●

ハイテク犯罪 ……………… 42
パスワード ………………… 1
パソコン …………………… 90
ハッカー …………………… 28
ハードウェア ……………… 90
ハードディスク …………… 95

ハフマン符号化……………110
ビット ……………………… 99
ビット数 …………………… 94
標準化………………………130
標本化………………………107
フィッシング詐欺 ………… 45
不正アクセス ……………… 28
プライベートアドレス……131
フリーソフトウェア ……… 35
ブログ ……………………… 19
ページランク ……………… 70
ベクター形式………………109
ペニーオークション ……… 45
ペニーオークション詐欺… 45
ホスト名……………………122
ボットウィルス …………… 43
ホットスポット …………… 56
ポート………………………137

● ま行 ●

マイクロプロセッサ ……… 93
マルウェア ………………… 43
無線 LAN…………………… 97
メモリ ……………………… 95

● や行 ●

ユーザ ID …………………… 1
ユーザ認証 ………………… 1

● ら行 ●

ラスター形式………………109
リシッピング詐欺………… 46
リムーバブルメディア …… 96
量子化………………………107
倫理 ………………………… 26
ルータ………………………132
ロックイン ………………… 54

あとがき

　情報に関する技術の進歩は目覚ましく、5年も経てばそれまで存在しなかったようなハードウェア、ソフトウェア、ネットワークサービスが登場していると思ってまず間違いありません。皆さんが卒業するときには、大学入学時には存在しなかった技術が出現しているかもしれないのです。

　情報を取り巻く法律や倫理感も時代とともに移り変わります。以前はマナー、モラル、道徳といった枠組で片付けられていた問題も、現在では法律として整備されたものがあります。将来はグローバルな視点とローカルな視点を併せ持つ、2重構造的な考え方が広まるかもしれません。自分の身の回りだけで通用するローカルルールで考えるのではなく、より大きな、人類の幸福という大局的な視点で考えることも必要でしょう。

　それほど遠くない将来、ありとあらゆる情報がネット上に蓄積され、ゼタ（Zetta）オーダーの情報がやり取りされるようになると言われています。その時どのような社会になっているのか、私たちの「現在の常識」ではなかなか想像できません。これからの社会の変化に対応する力を付けるためには、私達は色々なことを学び基礎を作っておくことが重要です。特に技術者は、歴史から未来を予想し、創造していく力を養う必要があります。

　本テキスト"アカデミック情報リテラシー"には、その情報化社会の扉を開き、入り口に立つために必要なことが散りばめられています。このテキストによって少しでも現状を把握して頂ければ幸いです。皆さんが茨城大学の大学生活を楽しいものにするためにもぜひとも熟読して頂けることを願っています。

著者一覧

宇野 美由紀	茨城大学大学教育センター（所属は執筆時）
大瀧 保広	茨城大学IT基盤センター
野口 宏	茨城大学IT基盤センター
羽渕 裕真	茨城大学学長特別補佐（IT・情報セキュリテイ）

アカデミック情報リテラシー

2015年3月20日　第1版　第1刷　発行
2017年3月20日　第1版　第3刷　発行

著　者　　宇野美由紀　大瀧保広
　　　　　野口　宏　　羽渕裕真
発行者　　発田寿々子
発行所　　株式会社 学術図書出版社
〒113-0033　東京都文京区本郷5丁目4-6
TEL 03-3811-0889　振替 00110-4-28454
印刷　三和印刷（株）

定価は表紙に表示してあります．

本書の一部または全部を無断で複写（コピー）・複製・転載することは、著作権法でみとめられた場合を除き、著作者および出版社の権利の侵害となります．あらかじめ、小社に許諾を求めて下さい．

© 宇野美由紀　大瀧保広　野口宏　羽渕裕真　2015
Printed in Japan
ISBN978-4-7806-0429-0　C3000